Martin Opitz, Wilhelm Braune

Buch von der Deutschen Poeterey

Martin Opitz, Wilhelm Braune

Buch von der Deutschen Poeterey

ISBN/EAN: 9783337199760

Hergestellt in Europa, USA, Kanada, Australien, Japan

Cover: Foto ©Thomas Meinert / pixelio.de

Weitere Bücher finden Sie auf **www.hansebooks.com**

Martin Opitz

Abdruck der ersten Ausgabe (1624)
Vierter Druck

Halle a. S.
Verlag von Max Niemeyer
1913

Neudrucke deutscher Litteraturwerke des XVI. u. XVII. Jahrhunderts.
No. 1.

Einleitung.

Seit dem Erscheinen dieser Ausgabe (1876. 1882) ist das Buch von der deutschen Poeterei Gegenstand eindringender Forschung geworden, durch welche seine Stellung in der Geschichte der Poetik, sowie die Beziehungen zu den Quellen Opitzens hinlänglich klargestellt worden sind. Abgeschlossen wurden diese Untersuchungen durch die mit Einleitung und eingehendem Commentar versehene Ausgabe: ›Martin Opitzens Aristarchus sive de contemptu linguae Teutonicae und Buch von der Deutschen Poeterey, herausgegeben von Dr. Georg Witkowski.‹ Leipzig 1888.

Die wichtigeren Einzelabhandlungen sind: O. Fritsch, Martin Opitzens Buch von der d. P. Ein kritischer Versuch (Diss.), Halle 1884; – K. Borinski, Die Kunstlehre der Renaissance in Opitz' Buch von der d. P. (Diss.), München 1883, und danach in desselben ›Die Poetik der Renaissance und die Anfänge der litterarischen Kritik in Deutschland‹, Berlin 1886, S. 63 ff.; – W. Berghoeffer, Martin Opitz Buch von der d. P. (Göttinger Diss.), Frankfurt a/M. 1888; [– R. Beckherrn, M. Opitz, P. Ronsard und D. Heinsius (Diss.) Königsberg 1888; – G. Wenderoth, Die poetischen Theorien der französischen Plejade in Martin Opitz' deutscher Poeterei: Euphorion 13, 445–468.]

Das Buch von der deutschen Poeterei erschien in Breslau 1624. Die Ausgabe ist in 4° und besteht aus 38 ungezählten

Blättern (= 9½ Bogen) mit den Signaturen A–K, angehängt sind dann noch zwei Blätter »An den Leser« mit Signatur L.

Diese Ausgabe (**A**) liegt unserem Abdrucke zu Grunde. Derselbe ist für diesen Druck, unter Berücksichtigung der Ausgabe von Witkowski, von neuem mit dem Originale (Ex. der Stadtbibliothek in Leipzig) sorgfältig verglichen worden. Abgewichen ist von der Originalausgabe nur insofern, als ihre Druckfehler verbessert sind. Diese zerfallen in 3 Klassen:

1) Druckfehler, die von Opitz selbst in dem Anhange »An den Leser« (S. 59) als solche aufgeführt werden. Es folgt hier das Verzeichniss derselben nach Seite und Zeile unseres Abdrucks: 7_7 inimicæ vene. 9_{27} Ἠν' ποτέ σοι χρόνος οὗτος ἐν. 10_7 heutiges tagen. 11_{33} ἰδιόρητα. 12_{11} Marcilius. 15_2 μὲν'. 15_{30} d, escorte. 19_1 habe] hate. 23_{21} kürtze] kurtze. 27_{37} τωὴ, ἡ ψυχὴ. 29_6 nechst] echst. 29_{11} L irrite. 32_7 ciel] liel. 32_{21} auff einandere. 32_{31} abstehlen] abstehen; – möge] mögen. 37_{20} stehen] sehen. 38_{24} θάλαασta. 38_{25} θάλ αστaν. 38_{29} distichion. 38_{30} Ancareonten. 41_8 nach] noch. 41_{20} lateinischen **vnd** hexametros. 41_{37} communs **der** gemeinen. 43_{39} abschnitt] abschrit. 44_{35} himmelront. 44_{40} Iu summa. 53_{23} STRO. I. 56_4 ἐνκρίνεσθαι. – Ausserdem gibt Opitz noch zu 15_{29} genawe an, welches aber schon im Texte ebenso richtig dasteht.

2) Ferner sind folgende gröbere Druckfehler verbessert, die zum Teil in allen, zum Teil auch nur in einzelnen der älteren Ausgaben beseitigt sind: 26_{34} satt] saat (doch vgl. Anz. f. dtsch. alt. 14, 287). 27_{17} reime] reine. 28_{29} denn] den. 29_{38} Haupt-brecher-Löwen-zwinger. 33_2 erempel. 36_{28} ö] ò. 40_2 doppeltlaudender. 40_{10} der andere] **das** a. 42_{12} abschritt (43_{39} derselbe Fehler von Opitz verbessert). 46_{14} C'ouurir. 48_{19} nicht] nchit. 48_{23} vneigeflochtenen. 49_{22} Capittl. 51_{44} Meisterück. 56_{29} des Frawenz. 57_{30} statt besitzen das 2. mal besetzen. – Nicht besonders erwähnt sind umgekehrte n

oder u, wie 18₃ vou u. a.

3) Endlich sind nach Witkowski's Vorgange noch folgende Fehler verbessert: 9₇ Volckern. 9₂₇ τοι] σοι. 15₄₀ Pro longeant. 18₃₀ saeit (sueit Goldast statt sneit). 28₂₆ Αϱηος. 34₂₈ mir] nur. 36₂₉ vnnd mitlere. 37₂₁ Punkt nach es. 38₂₂ H. 38₂₃ αυτὴν. 49₃ Sous] Solus.[1]

Die Abkürzungen sind aufgelöst. Häufiger ist nur ē für en (32 mal), vn̄ für vnd (12 m.), n̄ für nn (10 m.); ausserdem m̄ für mm (4 m.) und einmal ē für em.

Die auf **A** folgenden Ausgaben waren ebenfalls Einzeldrucke; erst 1690 wurde das Werk in die Gesammtausgabe aufgenommen. Die Titel der einzelnen Ausgaben findet man verzeichnet bei Hoffmann von Fallersleben, Martin Opitz von Boberfeld (Leipzig 1858) und in Witkowski's Ausgabe S. 77–80, dessen Chiffern ich annehme. Sie erschienen: **B** Frankfurt und Breslau 1634. **C** Wittenberg 1634. **E** Wittenberg 1635 (zum Drittenmahl auffgeleget). **G** Wittenberg 1638 (zum Vierdtenmahl auffgeleget). **H** Wittenberg 1641 (zum Fünfften mahl auffgeleget). **I** Frankfurt ᵃ/M. 1645. Die erste Ausgabe, in welcher sich Hanman's Anmerkungen befinden (– Jetzo aber von Enoch Hannman an vnterschiedlichen Orthen vermehrt vnd mit schönen Anmerckungen verbessert. Nunmehr zum sechstenmahl correct getruckt.). Über Hanmanns Anmerkungen s. Borinski, Poetik der Renaissance s. 285 ff., Witkowski s. 68 ff. – **K** Wittenberg 1647 (Nunmehr zum Sechsten mahl auffgeleget). Ohne Hanmanns Anmerkungen. **L** Frankfurt ᵃ/M. o. J. (ca. 1650). Mit den Anmerkungen; »zum siebenden mal correct gedruckt«. **M** Frankfurt ᵃ/M. 1658 dsgl., »zum achten mal correct gedruckt«. **N** Breslau, Fellgibel o. J. Diese Ausgabe gehört in den 1. Teil der 1690 erschienenen Gesamtausgabe von Opitzens Werken, hat aber besonderen Titel und Paginierung und kommt auch separat vor. – Die genannten Ausgaben sind sämmtlich 8° (resp. 12°); eine zweite Quartausgabe vom Jahre 1626 führt Grässe im Trésor des livres an und Goedeke im Grundriss[1]. Die Angabe scheint aber auf Irrtum zu beruhen. Ueber eine 2. Ausgabe Wittenberg 1634 und eine Danziger 1635 [vielmehr 1634, s. u.], welche nicht nachweisbar sind, s. Witkowski **D** u. **F**.

Endlich wurde die Poeterei aufgenommen in die beiden in der Mitte des 18. Jahrhunderts veranstalteten Opitzausgaben: **O** von Bodmer, Zürich 1745 (nur der 1. Teil erschienen, darin die Poeterei S. 1–70); **P** von Triller, Frankfurt a/M. 1746 (Vier Bände, die Poeterei eröffnet den 1. Band).

Auf allen Ausgaben nach der ersten lautet der Titel »Prosodia Germanica, Oder Buch von der deutschen Poeterey &c.« Man wird kaum annehmen dürfen, dass der Zusatz »Prosodia Germanica« von Opitz selbst herrühre, da Opitz sicher nach der Ausgabe von 1624 bei keiner folgenden beteiligt gewesen ist. Dieselben zeigen nicht nur keine Veränderungen, sondern sind sogar derart aus der ersten Ausgabe, und dann wieder eine aus der andern, abgedruckt, dass das von Opitz selbst dort gegebene Druckfehlerverzeichniss **nicht** berücksichtigt worden ist, wie überhaupt das ganze Nachwort »An den Leser« (S. 59. 60) in allen Ausgaben von **B** ab fehlt, so dass sich dieselben unsinnigen Druckfehler teils durch alle folgenden Ausgaben hindurchziehen, teils in einzelnen derselben verbessert werden, aber zuweilen durch Conjectur anders als Opitz vorgeschrieben. Z. B. sind die Fehler Marcilius statt Manilius 12_{11}, liel st. ciel 32_7, der st. oder 41_{37} bis 1690 in allen Ausgaben, erst Triller und Bodmer bessern richtig. 32_{31} steht 1624 abstehen, Opitz corrigiert abstehlen, die folgenden Ausgaben machen aus abstehen das nahe liegende absehen, und diese Lesart ist auch noch in **OP** vorhanden. Ebenso ist in derselben Zeile 32_{31} das mögen statt möge in allen späteren Ausgaben conserviert; u. a. m.

Es geht daraus hervor, dass für den Text der Poeterei allein die Ausgabe **A** von 1624 in Betracht kommt.

Heidelberg [Dritter Druck 1902]. **Wilhelm Braune.**

Auch dieser **vierte** Druck ist mit der Originalausgabe verglichen worden. Für Nachträge zur Einleitung bin ich G. Witkowski zu Dank verbunden; insbesondere hat er den alten Druck **F** in der Buchhandlung von Gustav Fock (aus dem Nachlasse Reinhold Bechsteins) aufgefunden und mir den Titel der Ausgabe, deren Verbleib ihm nicht bekannt ist, freundlichst mitgeteilt:

F Prosodia Germanica .... Martin Opitzen [wie in **C**] Dantzig, Gedruckt durch Andream Hünefeldt, Im Jahr, 1634. [12° A–E 11^b].

Heidelberg 1913. **W. B.**

MARTINI OPITII
Buch von der Deutschen Poeterey.

In welchem alle jhre eigenschafft vnd zuegehör gründt-
lich erzehlet, vnd mit exempeln außgeführet wird.

Gedruckt in der Fürstlichen
Stadt Brieg, bey Augustino
Gründern.
In Verlegung David Müllers Buch-
händlers in Breßlaw. 1624.

Horatius ad Pisones:

Descriptas servare vices, operumque colores,
Cur ego, si nequeo, ignoroque, Poëta salutor?
Cur nescire, pudens pravè, quam discere malo?

[A 2ª] Denen Ehrenvesten,
Wolweisen, Wolbenambten vnd Wolgelehrten HErren Bürgermeistern vnd Rathsverwandten der Stadt Buntzlaw, seinen günstigen Herren vnd beförderern.

EHrenveste, Wolweise, Wolbenambte vnd Wolgelehrte insonders günstige HErren,

Was bißanhero von einem vnnd dem andern, auch vornemen Leuten, zum offteren an mich ist begehret worden, das ich nemlich von vnserer Deutschen Poeterey, derselben art vnd zuegehör, etwas richtiges auffsetzen möchte, habe ich vorwichene tage zue wercke gebracht. Zwar erstlich, solchem ehrlichen begehren wie billich zue verhengen: nachmals aber, die jenigen vor derer augen diese vorneme wissenschafft ein grewel ist zue wiederlegen, vnd die, so sie als ein leichte ding vor handen zue nemen vnbedacht sich vnterstehen, ab zue halten, die gelehrten aber vnd von natur hierzue geartete gemüter auff zue wecken, mir, der ich dißfals bey weitem nicht genung bin, die hand zue bitten, vnd den weg so ich allbereit vmb etwas eröffnet vollendts zu bähnen. Weitleufftiger vnd eigentlicher zue schrei-[A 2ᵇ]ben hat mich nicht allein die enge der zeit, sondern auch sonsten allerley vngelegenheit verhindert, die mir von denen zuegefüget wird, welche, wann es bey jhnen stünde, wünschen wolten, das auch das gedächtniß der Poeterey vnnd aller gutten Künste vertilget vnd außgerottet würde. Ob mich nun wol dergleichen vnbillche Wiederwertigkeit, die ich ohne meinen verdienst tragen muß, offtermals kaum nicht zwinget wie Nero zue sagen; Vellem nescire literas: jedoch habe ich, in erwegung derer Vrsachen die mir etwas beßers rahten, vnd das die Zahl vieler grossen Männer die mir huldt sein die wenigen abgünstigen weit hinwieget, zwar ietzund in diesem geringen wesen den willen mit meinem schlechten studieren etwas zue fruchten erweisen wollen: vnnd wil auch nachmals besten fleißes mich bemühen, an größeren vnd mehr wichtigen sachen (denn ich gar wol weiß, das es mit der Poeterey alleine nicht außgerichtet sey, vnd weder offentlichen noch Privatämptern mit versen könne vorgestanden werden) durch beystandt Göttlicher hülffe alle mein heil zue versuchen. Indeßen, Großgünstige HErren, wollen sie, zum pfande meiner künfftigen vorsorge wie mein geliebtes Vaterlandt vnnd sie meiner je mehr vnd mehr ruhm vnd ehre haben mögen, dieses buch auff, vnd annemen, vnd beynebenst geneiget erwegen das ich auch darumb jhnen solches billich vor andern zueschreiben sollen, damit ich nicht, wann ich [A 3ª] sie in diesen vnd andern meinen schrifften lenger mit stilleschweigen vbergienge, von denen die meinen künfftigen vorsatz nicht wissen für vndanckbar möge gescholten werden. Welchen lasters ich nicht alleine anderwerts frey vnd ledig bin, sondern auch dißfals kühnlich sagen darff, das ich solche große liebe zue meinem Vaterlande trage, dergleichen zwar von allen erfordert, aber bey wenigen erfunden wird. Ich muß nur bekennen, das ich nicht vnlengst auß weit abgelegenen orten, da es mir an ehre, föderung, freundschafft vnd alle dem was ich bedürffend nicht gemangelt hette, mich mehrentheils darumb zuerücke gemacht, vnnd meinen zuestandt in vngewißheit gesetzet, das ich das verlangen, daheime vnd bey den meinigen die zeit zue verschliessen, nicht lenger ertragen können. Welches ich sonsten kaum so rundt herauß sagen wolte, auß furchte, das es mir von andern für eine zärtligkeit vnd weichmuth möchte außgeleget werden, wenn mir nicht wißend, das Vlyßes so sehr auff sein Ithaca zue geeilet, als Agamemnon auff sein Mycène, vnd der grosse mann hertzlich gewünschet, auch nur ein räuchlein so darauß auffgienge von fernen zue schawen. Der Vater der Musen Alfonsus in Sicilien, als jhm einer erzehlete wie Rom

so gewaltig, Venedig so groß, Florentz so reich, Meilandt so Volckreich were, gab er jhm dieses gar gerne zue, aber, hub er darneben an, ich wil niergendts lieber sein als zue Carioncilla: [A 3ᵇ] welches ein flecken war, darinnen der löbliche vnnd tugendhaffte König gebohren vnd auffgewachsen. Kan mir also niemand zue rechte vbel deuten, das ich mein Buntzlaw, ohne ruhm zue sagen, die erzieherinn vieler stattlichen berühmbten leute, welche ich bey anderer gelegenheit schon wil zue erzehlen wissen, als ein Kind seine Mutter ehre, vnd bestes vermögens hand zue wercke lege, wie nicht alleine ich durch das Vaterland, sondern auch das Vaterland durch mich bekandter werde. Nebenst dieser gemeinen vrsache hiesiger meiner zueschreibung habe ich nicht weniger in acht zue nemen, die grosse gunst vnd freundschafft, mit welcher ein ietweder von den Herren mir bey aller vorgehenden gelegenheit zum offtersten begegnet: ja das sie auch mir entweder mit Blutfreundschafft oder verwandtniß bey gethan sind, oder, worunter ich Herren Sänfftleben verstehe, mich zue alle dem was ich weiß vnnd kan, wie wenig es auch ist angewiesen vnd geleitet haben. Werden also die HErren, in betrachtung obgemeldeter vrsachen, in guttem verstehen, das ich Jhren namen hiesigen geringfügigen buche, das doch hoffentlich an seinem orte wird ersprößlich sein, vorsetzen, vnd dadurch, weil anietzo nichts anders in meinem vermögen gewesen, nur etzlicher maßen mein danckbares gemüte vnd gutten vorsatz [A 4ᵃ] erweisen wollen. Befehle sie hiermit in den schutz des Höchsten, mich aber in jhre beharliche gunst vnd liebe; der ich gleichfalls jederzeit bin
   E. E. W.
               Dienstwilligster
                          Martin Opitz.

[A 4ᵇ]

AD
Dn. MARTINUM OPITIUM
Poësin Germanicam ædentem,
Parodia ex Carm. II. Lib. II. Horat.
Nullus argento color est, etc.

INgenI nullus decor est, ineptis
Illitæ chartis inimice venæ
Martie Opiti, nisi patriæ aptos
    Vernet in usus.
Vivet extento venerandus ævo
Heinsius plectri genitor Batavi:
Illum aget prorâ metuente sisti
    Gloria ad Indos.
Altius scandes patriâ canendo
Barbyto, qvàm si Latium peritæ
Atticæ jungas, Syriæque Peithus
    Noveris artem.
Carminis multos cacoêthes urit,
Nec scit expelli; nisi mille vulgo
Finxerit versus peregrina jactans
    Gutture verba.
Conditam Almanis numeris Poësin
Exteræ distans, solio polorum
Inseret Phœbus populumque vernis
    Instruet uti

Vocibus, laudem, & sine nube nomen
Deferens illi, viridemque laurum,
Teutonæ ingenteis repolit loqvelæ
        Qvisqvis acervos.

                Augustinus Iskra Siles:

[B 1ª]

MARTINI OPITII
Buch von der Deutschen Poeterey.

Das I. Capitel.
Vorrede.

Wiewol ich mir von der Deutschen Poeterey, auff ersuchung vornemer Leute, vnd dann zue beßerer fortpflantzung vnserer sprachen, etwas auff zue setzen vorgenommen; bin ich doch solcher gedancken keines weges, das ich vermeine, man könne iemanden durch gewisse regeln vnd gesetze zu einem Poeten machen. Es ist auch die Poeterey eher getrieben worden, als man je von derselben art, ampte vnd zuegehör, geschrieben: vnd haben die Gelehrten, was sie in den Poeten (welcher schrifften auß einem Göttlichen antriebe vnd von natur herkommen, wie Plato hin vnd wieder hiervon redet) auffgemercket, nachmals durch richtige verfassungen zuesammen geschlossen, vnd aus vieler tugenden eine kunst gemacht. Bey den Griechen hat es Aristoteles vornemlich gethan; bey den Lateinern Horatius; vnd zue unserer Voreltern zeiten Vida vnnd Scaliger so außführlich, das weiter etwas darbey zue thun vergebens ist. Derentwegen ich nur etwas, so ich in gemeine von aller Poeterey zue erinnern von nöthen zue sein erachte, hiervor setzen wil, nachmals das was vnsere deutsche Sprache vornemlich angehet, etwas vmbstendtlicher für augen stellen.

Das II. Capitel.
Worzue die Poeterey, vnd wann sie erfunden worden.

Die Poeterey ist anfanges nichts anders gewesen als eine verborgene Theologie, vnd vnterricht von Göttlichen sachen. Dann weil die erste vnd rawe [B 1ᵇ] Welt gröber vnd vngeschlachter war, als das sie hette die lehren von weißheit vnd himmlischen dingen recht fassen vnd verstehen können, so haben weise Männer, was sie zue erbawung der Gottesfurcht, gutter sitten vnd wandels erfunden, in reime vnd fabeln, welche sonderlich der gemeine pöfel zue hören geneiget ist, verstecken vnd verbergen mussen. Denn das man jederzeit bey allen Völckern vor gewiß geglaubet habe, es sey ein einiger vnd ewiger GOtt, von dem alle dinge erschaffen worden vnd erhalten werden, haben andere, die ich hier nicht mag außschreiben, genungsam erwiesen. Weil aber GOtt ein vnbegreiffliches wesen vnnd vber menschliche vernunfft ist, haben sie vorgegeben, die schönen Cörper vber vns, Sonne, Monde vnd Sternen, item allerley gutte Geister des Himmels wehren Gottes Söhne vnnd Mitgesellen, welche wir Menschen vieler grossen wolthaten halber billich ehren solten. Solches inhalts werden vieleichte die Bücher des Zoroasters, den Man für einen der eltesten Lehrer der göttlichen vnd menschlichen wissenschafft helt, gewesen sein, welcher, wie Hermippus bey dem Plinius im ersten Capitel des 30. Buches bezeuget, zwantzig mal hundert tausendt Verß von der Philosophie hinterlassen hat. Item was Linus, wie Diogenes Laertius erwehnet, von erschaffung der Welt, dem lauffe der Sonnen vnd des Mondens, vnd von erzeugung der Früchte vorgegeben hat. Dessen werckes anfang soll gewesen sein:

Ἦν ποτέ τοι χρόνος οὗτος ἐν ᾧ ἅμα πάντ'
ἐπεφύκει

Es war die zeit da erstlich in gemein
Hier alle ding' erschaffen worden sein.

Neben diesem haben Eumolpus, Museus, Orpheus, Homerus, Hesiodus vnnd andere, als die ersten Väter der Weißheit, wie sie Plato nennet, vnd aller gutten ordnung, die bäw-[B 2ᵃ]rischen vnd fast viehischen Menschen zue einem höfflichern vnd bessern leben angewiesen. Dann inn dem sie so viel herrliche Sprüche erzehleten, vnd die worte in gewisse reimen vnd maß verbunden, so das sie weder zue weit außschritten, noch zue wenig in sich hatten, sondern wie eine gleiche Wage im reden hielten, vnd viel sachen vorbrachten, welche einen schein sonderlicher propheceiungen vnd geheimnisse von sich gaben, vermeineten die einfältigen leute, es müste etwas göttliches in jhnen stecken, vnd liessen sich durch die anmutigkeit der schönen getichte zue aller tugend vnnd guttem wandel anführen. Hat also Strabo vrsache, den Eratosthenes lügen zue heissen, welcher, wie viel vnwissende leute heutiges tages auch thun, gemeinet, es begehre kein Poete durch vnterrichtung, sondern alle bloß durch ergetzung sich angeneme zue machen. Hergegen, spricht er Strabo im ersten Buche, haben die alten gesagt, die Poeterey sey die erste Philosophie, eine erzieherinn des lebens von jugend auff, welche die art der sitten der bewegungen des gemütes vnd alles thuns vnd lassens lehre. Ja die vnsrigen (er verstehet die Stoischen) haben darvor gehalten, das ein weiser alleine ein Poete sey. Vnd dieser vrsachen wegen werden in den

Griechischen städten die Knaben zueföderst in der Poesie vnterwiesen: nicht nur vmb der blossen erlüstigung willen, sondern damit sie die sittsamkeit erlernen. Ingleichem stimmet auch Strabo mit dem Lactantius vnd andern in diesem ein, es seyen die Poeten viel älter als die Philosophen, vnd für weise leute gehalten worden, ehe man von dem namen der Weißheit gewust hat: vnnd hetten nachmals Cadmus, Pherecydes, vnd Hecatéus der Poeten lehre zwar sonsten behalten, aber die abmessung der wörter vnd [B 2ᵇ] Verse auffgelöset: biß die folgenden nach vnd nach etwas darvon enzogen, vnd die rednerische weise, gleichsam als von einem hohen Stande, in die gemeine art vnd forme herab geführet haben. Solches können wir auch aus dem abnehmen, das je älter ein Scribent ist, je näher er den Poeten zue kommen scheinet. Wie denn Casaubonus saget, das so offte er des Herodotus seine Historien lese, es jhn bedüncke, als wehre es Homerus selber.

Das III. Capitel.
Von etlichen sachen die den Poeten vorgeworffen werden; vnd derselben entschuldigung.

Auß oberzehlten sachen ist zue sehen, wie gar vnverstendig die jenigen handeln, welche aus der Poeterey nicht weiß ich was für ein geringes wesen machen, vnd wo nicht gar verwerffen, doch nicht sonderlich achten; auch wol vorgeben, man wisse einen Poeten in offentlichen ämptern wenig oder nichts zue gebrauchen; weil er sich in dieser angenemen thorheit vnd ruhigen wollust so verteuffe, das er die andern künste vnd wissenschafften, von welchen man rechten nutz vnd ehren schöpffen kan, gemeiniglich hindan setze. Ja wenn sie einen gar verächtlich halten wollen, so nennen sie jhn einen Poeten: wie dann Erasmo Roterodamo von groben leuten geschahe. Welcher aber zur antwort gab: Er schätzte sich dessen lobes viel zue vnwürdig; denn auch nur ein mittelmässiger Poete höher zue halten sey als zehen Philosophastri. Sie wissen ferner viel von jhren lügen, ärgerlichen schrifften vnd leben zue sagen, vnd vermeinen, es sey keiner ein gutter Poete, er musse dann zu gleich ein böser Mensch sein. Welches allerseits vngegründetes vrtheil ich kaum einer antwort würdig achte; vnnd jhnen alleine für das erste zue bedencken gebe, wer Solon, Pythagoras, Socrates, Cicero vnd andere gewesen, die sich doch [B 3ᵃ] des Poetennamens nie geschämet haben. Ich köndte auch sonsten viel vortreffliche leute erzehlen, die auff diese kunst (wo ich sie eine kunst nennen soll) jhren höchsten fleiß gewendet haben, vnd dennoch dem gemeinen nutze mit vnsterblichem lobe vorgegangen sind. So ist auch ferner nichts närrischer, als wann sie meinen, die Poeterey bestehe bloß in jhr selber; die doch alle andere künste vnd wissenschafften in sich helt. Apuleius nennet den Homerus einen viel wissenden vnnd aller dinge erfahrenen Menschen; Tertullianus von der Seele: einen Vater der freyen künste. Plato, welcher im Tragedien schreiben so weit kommen, das er auch andern kampff anbitten dörffen, hat vermischet, wie Proclus von jhm saget, τὴν τε Πυθαγόρειον καὶ Σωκρατικὴν ἰδιότητα, die Pythagorische vnnd Socratische eigenschafft, hat die Geometrie vom Theodorus Cyreneus, die wissenschafft des Gestirnes von den Egyptischen Priestern erlernet, vnd ist aller dinge kündig gewesen. So hat man vnsere Musen zue mahlen pflegen, als sie mitt zuesammen gehenckten händen in einem reyen tantzten, jhnen auch den namen Μοῦσαι, gleichsam als ὁμοῦσαι, gegeben, das gemeine bandt vnd verwandschafft aller künste hierdurch an zue deuten. Wann auch die verse nur blosse worte sindt, (wiewol das so wenig möglich ist, als das der Cörper ohne die Seele bestehen könne) was ist es denn das Eratosthenes ein getichte von beschreibung der Welt, so Hermus geheissen, das Parmenides vnnd Empedocles von natur der dinge, das Seruilius vnd Heliodorus, derer Galenus erwehnet, von der ärtzney geschrieben haben? Oder, wer kan leugnen, das nicht Virgilius ein gutter Ackersman, Lucretius ein vornemer naturkündiger, Manilius ein Astronomus, Lucanus ein Historienschreiber, Oppianus ein Jägermeister, vnd einer vnd der andere der Philosophie obristen sein, da sie doch nichts als Poeten sein. Es sey denn das wir glauben wollen, Theocritus habe Schaffe getrieben, vnd Hesiodus sey hin-[B 3ᵇ]ter dem Pfluge gegangen. Doch muß ich gleichwol bekennen, das auch an verachtung der Poeterey die jenigen nicht wenig schuldt tragen, welche ohn allen danck Poeten sein wollen, vnd noch eines theils zum vberfluß, ebener massen wie Julius Cesar seine kahle glitze, sie jhre vnwissenheit vnter dem Lorbeerkrantze verdecken. Gewißlich wenn ich nachdencke, was von der zeit an, seit die Griechische vnd Römische sprachen wieder sind hervor gesucht worden, vor hauffen Poeten sind herauß kommen, muß ich mich verwundern, wie sonderlich wir Deutschen so lange gedult können tragen, vnd das edele Papir mit jhren vngereimten reimen beflecken. Die worte vnd Syllaben in gewisse gesetze zue dringen, vnd verse zue schreiben, ist das allerwenigste was in einem Poeten zue suchen ist. Er muß εὐφαντασιωτός, von sinnreichen einfällen vnd erfindungen sein, muß ein grosses vnverzagtes gemüte haben, muß hohe sachen bey sich erdencken können, soll anders seine rede eine art kriegen, vnd von der erden empor steigen. Ferner so schaden auch dem gueten nahmen der Poeten nicht wenig die jenigen, welche mit jhrem vngestümen ersuchen auff alles was sie thun vnd vorhaben verse fodern. Es wird kein buch, keine hochzeit, kein begräbnüß ohn vns gemacht; vnd gleichsam als niemand köndte alleine sterben, gehen vnsere gedichte zuegleich mit jhnen vnter. Mann wil vns auff allen Schüsseln vnd kannen haben, wir stehen an wänden vnd steinen, vnd wann einer ein Hauß ich weiß nicht wie an sich gebracht hat, so sollen wir es mit vnsern Versen wieder redlich machen. Dieser begehret ein Lied auff eines andern Weib, jenem hat von des nachbaren Magdt getrewmet, einen andern hat die vermeinte Bulschafft ein mal freundtlich angelacht, oder, wie dieser Leute gebrauch ist, viel mehr außgelacht; ja deß närrischen ansuchens ist kein ende. Mussen wir also entweder durch abschlagen jhre feindschafft erwarten, oder durch willfahren den würden der Poesie einen mercklichen abbruch thun. [B 4ᵃ] Denn ein Poete kan nicht schreiben wenn er wil, sondern wenn er kan, vnd jhn die regung des Geistes welchen Ovidius vnnd andere vom Himmel her zue kommen vermeinen, treibet. Diese vnbesonnene Leute aber lassen vns weder die rechte zeit noch gelegenheit: wie sich denn Politianus in einer epistel hefftig darüber beschwäret, vnd Ronsardt, wie Muretus meldet, hat pflegen zue sagen, er empfinde nicht so grosse lust wann er seine eigene Liebe beschriebe, als er grossen verdruß empfinde, wann er anderer jhre liebe beschreiben muste. Wiewol etliche, gemeiniglich aber die schlimmesten, sich selber hierzue antragen, vnd den leuten jhre träwme fast einzwingen. Diese meinet sonderlich Aristoteles, Eth. ad Nic. lib. 9. c. 7. da er saget, das sie jhre getichte vber die maße lieb haben, vnd so hertzlich gegen jhnen geneiget sein: wie die eltern gegen den kindern. Vnd Cicero 5. Tusc. spricht auch fast auff diesen schlag: In hoc enim genere nescio quo pacto magis quam in aliis suum cuique pulchrum est. adhuc neminem cognoui Poetam, & mihi fuit cum Aquinio amicitia, qui sibi non optimus videretur. Das ferner die Poeten mit der warheit nicht allzeit vbereinstimmen, ist zum theil oben deßenthalben Vrsache erzehlet worden, vnd soll man auch wissen, das die gantze Poeterey im nachäffen der Natur bestehe, vnd die dinge nicht so sehr beschreibe wie sie sein, als wie sie etwan sein köndten oder solten. Es sehen aber die menschen nicht alleine die sachen gerne, welche an sich selber eine ergetzung haben; als schöne Wiesen, Berge, Felde, flüße, ziehrlich Weibesvolck vnd dergleichen: sondern sie hören auch die dinge mit lust erzehlen, welche sie doch zue sehen nicht begehren; als wie Hercules seine Kinder ermordet, wie Dido sich selber entleibet, wie die Städte in den brand gesteckt werden, wie die pest gantze Länder durchwütet, vnd was sonsten mehr bei den Poeten zue finden ist. Dienet also dieses alles zue vberredung vnd vnterricht auch ergetzung der Leute; [B 4[b]] welches der Poeterey vornemster zweck ist. Die nahmen der Heidnischen

Götter betreffendt, derer sich die stattlichsten Christlichen Poeten ohne verletzung jhrer religion jederzeit gebrauchet haben, angesehen das hierunter gemeiniglich der Allmacht Gottes, welcher die ersten menschen nach den sonderlichen wirckungen seiner vnbegreifflichen Maiestet vnterschiedene namen gegeben, als das sie, wie Maximus Tyrius meldet, durch Minerven die vorsichtigkeit, durch den Apollo die Sonne, durch den Neptunus die Lufft welche die Erde vnnd Meer durchstreichet; zue zeiten aber vorneme Leute, die wie Cicero im andern buche von den Gesetzen saget, vmb jhres vordienstes willen in den Himmel beruffen sein, zue zeiten was anders angedeutet wird, ist allbereit hin vnd wieder so viel bericht darvon geschehen, das es weiterer außführung hoffentlich nicht wird von nöthen sein. Was auch der Poeten Leben angehet, (damit ich mich nicht zue lange auffhalte) ist es nicht ohn, das freylich etliche von jhnen etwas auß der art schlagen, vnd denen, die in anderer Leute mängeln falcken, in jhren eigenen Maulwörffe sein, anlaß geben jhnen vbel nach zue reden. Die Vrsache kan wol zum theile sein, das jhre Poetische gemüter vnterweilen etwas sicherer vnd freyer sein, als es eine vnd andere zeit leidet, vnd nach des volckes Vrtheil nicht viel fragen. Zum theile thut auch der wein etwas; sonderlich bey denen, welchen Horatius besser gefellt da er schreibet:

> Prisco si credis, Mæcenas docte, Cratino,
> Nulla valere diu, nec viuere carmina possunt,
> Quæ scribuntur aquæ potoribus.

> Mecenas, wil du mir vnd dem Cratinus gleuben,
> Der der da wasser trinckt kan kein guet carmen
>   schreiben;

Als Pindarus, der stracks im anfange seiner bücher saget: [C 1ᵃ] Ἄριστον μὲν ὕδωρ, Das Wasser ist das beste das man findt. Mit welchem es Alceus, Aristophanes, Alcman, Ennius vnd andere nicht gehalten hetten; auch Eschilus nicht, dem Sophocles vorgeworffen, der wein hette seine Tragedien gemacht, nicht er. Vnd zum theile thut auch zue dem etwas nachleßigen wandel mancher Poeten nicht wenig die gemeinschafft etlicher alten, die jhre reine sprache mit garstigen epicurischen schrifften besudelt, vnd sich an jhrer eigenen schande erlustiget haben. Mit denen wir aber vmbgehen mußen wie die bienen, welche jhr honig auß den gesunden blumen saugen, vnd die gifftigen Kräuter stehen lassen. Doch wie ehrliche, auffrichtige, keusche gemüter (welche von den auch keuschen Musen erfodert werden) derer die jhre geschickligkeit mit vblen sitten vertunckeln nicht entgelten können, so sind auch nicht alle Poeten die von Liebessachen schreiben zue meiden; denn viel vnter jhnen so züchtig reden, das sie ein jegliches ehrbares frawenzimmer vngeschewet lesen möchte. Man kan jhnen auch deßentwegen wol jhre einbildungen lassen, vnd ein wenig vbersehen, weil die liebe gleichsam der wetzstein ist an dem sie jhren subtilen Verstand scherffen, vnd niemals mehr sinnreiche gedancken vnd einfälle haben, als wann sie von jhrer Buhlschafften Himlischen schöne, jugend, freundligkeit, haß vnnd gunst reden. Wie dann hiervon der Frantzösischen Poeten Adler Peter Ronsardt ein artiges Sonnet geschrieben, welches ich nebenst meiner vbersetzung (wiewol dieselbe dem texte nicht genawe zuesaget) hierbey an zue ziehen nicht vnterlassen kan:

> Ah belle liberté, qui me seruois d'escorte,
>   Quand le pied me portoit où libre ie voulois!
>   Ah! que ie te regrette! helas, combien de fois
>   Ay-ie rompu le ioug, que maulgré moy ie
>   porte!
>
>   Puis ie l'ay rattaché, estant nay de la sorte,
> C 1ᵇ]   Que sans aimer ie suis & du plomb & du bois,

Quand ie suis amoureux i'ay l'esprit & la
vois,
L'inuention meilleure, & la Muse plus forte.

Il me faut donc aimer pour auoir bon esprit,
Afin de conceuoir des enfans par escrit,
Prolongeant ma memoire aux despens de ma
vie.

Ie ne veux m'enquerir s'on sent apres la mort:
Ie le croy: ie perdroy d'escrire toute enuie:
Le bon nom qui nous suit est nostre
reconfort.

Du güldne Freiheit du, mein wünschen vnd
begehren,
Wie wol doch were mir, im fall ich jederzeit
Mein selber möchte sein, vnd were gantz
befreyt
Der liebe die noch nie sich wollen von mir
kehren,

Wiewol ich offte mich bedacht bin zue erweren.
Doch lieb ich gleichwol nicht, so bin ich wie
ein scheit,
Ein stock vnd rawes bley. die freye
dienstbarkeit,
Die sichere gefahr, das tröstliche beschweren

Ermuntert meinen geist, das er sich höher
schwingt
Als wo der pöfel kreucht, vnd durch die
wolcken dringt,
Geflügelt mitt vernunfft, vnd mutigen
gedancken,

> Drumm geh' es wie es wil, vnd muß ich schon darvon,
> So vberschreit ich doch des lebens enge schrancken:
> Der name der mir folgt ist meiner sorgen lohn.

[C 2ᵃ] Welchen namen wenn die Poeten nicht zue gewarten hetten, würden viel derselben durch die boßheit der Leute, die sie mehr auß neide alß billicher vrsache verfolgen, von jhrem löblichen vorsatze zuerücke gehalten vnd abgeschreckt werden. Es wird aber bey jhnen nicht stehen, vnd ich bin der tröstlichen hoffnung, es werde nicht alleine die Lateinische Poesie, welcher seit der vertriebenen langwierigen barbarey viel große männer auff geholffen, vngeachtet dieser trübseligen zeiten und höchster verachtung gelehrter Leute, bey jhrem werth erhalten werden; sondern auch die Deutsche, zue welcher ich nach meinem armen vermögen allbereit die fahne auffgesteckt, von stattlichen gemütern allso außgevbet werden, das vnser Vaterland Franckreich vnd Italien wenig wird bevor dörffen geben.

Das IIII. Capitel.
Von der Deutschen Poeterey.

Von dieser Deutschen Poeterey nun zue reden, sollen wir nicht vermeinen, das vnser Land vnter so einer rawen vnd vngeschlachten Lufft liege, das es nicht eben dergleichen zue der Poesie tüchtige ingenia könne tragen, als jergendt ein anderer ort vnter der Sonnen. Wein vnnd früchte pfleget man zue Loben von dem orte da sie herkommen sein; nicht die gemüter der menschen. Der weise Anacharsis ist in den Scitischen wüsten gebohren worden. Die Vornemsten Griechen sind in Egypten, Indien vnd Franckreich gereiset, die weißheit zue erlernen. Vnd, vber diß das wir so viel Vorneme Poeten, so heutiges tages bey vns erzogen worden, vnter augen können stellen, erwehnet Tacitus von den Deutschen in dem buche das er von jhnen geschrieben, das ob wol weder Mann noch Weib vnter jhnen zue seiner zeit den freyen künsten ob zue liegen pflegeten, faßeten sie doch alles was sie im [C 2ᵇ] gedächtniß behalten wolten in gewisse reimen vnd getichte. Wie er denn in einem andern orte saget, das sie viel von des Arminius seinen thaten zue singen pflegeten. Welches sie vieleichte den Frantzosen nachgethan haben, bey denen, wie Strabo im fünfften buche anzeiget, Dreyerley Leute waren, die man in sonderlichen ehren hielt: Bardi, Vates vnnd Druiden. Die Barden sungen Lobgetichte vnnd waren Poeten; Die Vates opfferten vnd betrachteten die Natur aller dinge; Die Druiden pflegten vber die Natürliche Wissenschafft auch von gueten sitten zue vnterrichten. Welches auch Marcellinus im fünfften buche bekrefftiget: Die Barden, saget er, haben berümbter männer ritterliche thaten mit heroischen Versen beschrieben, vnd mit süßen melodien zue der leyer gesungen, Vnd Lucanus im ersten buche des bürgerlichen Krieges:

> Vos quoque qui fortes animas belloque
> peremptas
> Laudibus in longum vates demittitis æuum,
> Plurima securi fudistis carmina Bardi.

Das ich der meinung bin, die Deutschen haben eben dieses im gebrauche gehabt, bestetiget mich, vber das was Tacitus meldet, auch der alten Cimbrer oder Dänen ebenmäßiger gebrauch, die von jhren Helden schöne und geistreiche Lieder ertichtet haben, deren nicht wenig von alten jahren her in Dennemarck noch verhanden sind, vnd von vielen gesungen werden. So ist auch Hiarnes bey jhnen einig vnnd alleine deßentwegen zum Königreiche kommen, weil er dem vorigen Könige zue ehren ein solch grabgetichte gemacht, das vor allen andern den preiß behalten.

[C 3ª] Vnd vber diß, sind doch eines vngenannten Freyherrens von Wengen, Juncker Winsbeckens, Reinmars von Zweter, der ein Pfältzischer vom Adel vnd bey Keyser Friedrichen dem ersten vnd Heinrichen dem sechsten auffgewartet hatt, Marners auch eines Edelmannes, Meister Sigeherrens, vnd anderer sachen noch verhanden, die manchen stattlichen Lateinischen Poeten an erfindung vnd ziehr der reden beschämen. Ich wil nur auß dem Walter von der Vogelweide, Keyser Philipses geheimen rahte, den Goldast anzeucht, einen einigen ort setzen; darauß leichtlich wird zue sehen sein, wie hoch sich selbige vorneme Männer, vngeachtet jhrer adelichen ankunfft vnd standes, der Poeterey angemaßet:

> Nun sende vns Vater vnd Suhn den rechten
> Geist heraben,
> Das wir mit deiner süssen füchte ein dürres
> hertze erlaben.
> Vnkristenlichen dingen ist al al dui kristenheit
> so vol,

> Swa kristentum ze siechhus lit da tut man jhm
>   nicht wol.
> Ihn dürstet sehre
> Nach der lehre
> Als er vom Rome was gewon,
> Der jhn da schancte
> Vnd jhn da trancte
> Als é da wurde er varende von.
> Swas im da leides je gewar
> Das kam von Symonis gar.
> Vnd ist er da so fründebar
> Das er engetar

C 3ᵇ] Nicht sin schaden genügen.
> Kristentum vnd Kristenheit
> Der disü zwei zusamme sueit
> Gelih lanc, gelih breit,
> Lieb vnd leit
> Der wolte auch das wir trügen
> In kriste Kristenliches leben
> Sit er vns vf eine gegeben
> So suln wir vns nicht scheiden, &c.

Das nun von langer zeit her dergleichen zue vben in vergessen gestellt ist worden, ist leichtlicher zue beklagen, als die vrsache hiervon zue geben. Wiewol auch bey den Italienern erst Petrarcha die Poeterey in seiner Muttersprache getrieben hat, vnnd nicht sehr vnlengst Ronsardus; von deme gesaget wird, das er, damit er sein Frantzösisches desto besser außwürgen köndte, mit der Griechen schrifften gantzer zwölff jahr sich vberworffen habe; als von welchen die Poeterey jhre meiste Kunst, art vnd liebligkeit bekommen. Vnd muß ich nur bey hiesiger gelegenheit ohne schew dieses errinnern, das ich es für eine verlorene arbeit halte, im fall sich jemand an vnsere deutsche Poeterey machen wolte, der, nebenst dem das er ein Poete von natur sein muß, in den griechischen vnd Lateinischen büchern nicht wol durchtrieben ist, vnd von jhnen den rechten grieff erlernet hat; das auch alle die lehren, welche sonsten zue der Poesie erfodert werden, vnd ich jetzund kürtzlich berühren wil, bey jhm nichts verfangen können.

Das V. Capitel.
[C 4ª] Von der zuegehör der Deutschen Poesie, vnd erstlich von der invention oder erfindung, vnd Disposition oder abtheilung der dinge von denen wir schreiben wollen.

WEil die Poesie, wie auch die Rednerkunst, in dinge vnd worte abgetheilet wird; als wollen wir erstlich von erfindung vnd eintheilung der dinge, nachmals von der zuebereitung vnd ziehr der worte, vnnd endtlich vom maße der sylben, Verse, reimen, vnnd vnterschiedener art der carminum vnd getichte reden.

Die erfindung der dinge ist nichts anders als eine sinnreiche faßung aller sachen die wir vns einbilden können, der Himlischen vnd jrrdischen, die Leben haben vnd nicht haben, welche ein Poete jhm zue beschreiben vnd herfür zue bringen vornimpt: darvon in seiner Idea Scaliger außfürlich berichtet. An dieser erfindung henget stracks die abtheilung, welche bestehet in einer füglichen vnd artigen ordnung der erfundenen sachen. Hier mußen wir vns besinnen, in was für einem genere carminis vnd art der getichte (weil ein jegliches seine besondere zuegehör hat) wir zue schreiben willens sein.

Ein Heroisch getichte (das gemeiniglich weitleufftig ist, vnd von hohem wesen redet) soll man stracks von seinem innhalte vnd der Proposition anheben; wie Virgilius in den büchern vom Ackerbawe thut:

> Quid faciat lætas segetes, quo sidere terram
> Vertere, Mæcenas, vlmisque adiungere vites
> Conueniat; quæ cura boum, qui cultus habendo
> Sit pecori, atque apibus quanta experientia
>   parcis,
> Hinc canere incipiam.

Vnd ich (wiewol ich mich schäme, das ich in mangel ande-[C 4ᵇ]rer deutschen exempel mich meiner eigenen gebrauchen soll, weil mir meine wenigkeit vnd vnvermögen wol bewust ist) in dem ersten buche der noch vnaußgemachten Trostgetichte in Wiederwertigkeit des Krieges:

> Des schweren Krieges last den Deutschland jetzt
>   empfindet,
> Vnd das Gott nicht vmbsonst so hefftig
>   angezündet
> Den eifer seiner macht, auch wo in solcher pein
> Trost her zue holen ist, soll mein getichte sein.

Nachmals haben die heiden jhre Götter angeruffen, das sie jhnen zue vollbringung des werckes beystehen wollen: denen wir Christen nicht allein folgen, sondern auch an frömigkeit billich sollen vberlegen sein. Virgilius spricht weiter an gedachtem orte:

>   Vos, o clarissima mundi
> Lumina, labentem cœlo quæ ducitis annum,
> Liber, & alma Ceres, &c.

Vnd ich:

> Diß hab ich mir anjetzt zue schreiben

> fürgenommen.
> Ich bitte wollest mir geneigt zue hülffe kommen
>> Du höchster trost der welt, du zueversicht in
>> not,
>> Du Geist von GOtt gesandt, ia selber wahrer
>> GOtt.
>
> Gieb meiner Zungen doch mit deiner glut zue
>> brennen,
> Regiere meine faust, vnd laß mich glücklich
>> rennen
>> Durch diese wüste bahn, durch dieses newe
>> feldt,
>> Darauff noch keiner hat für mir den fuß
>> gestelt.

Wiewol etliche auch stracks zue erste die anruffung setzen. Als Lucretius:

D 1ª] Aeneadum genetrix, hominum diuumque
>> voluptas,
> Alma Venus, &c.

Vnd Wilhelm von Sallust in seiner andern woche:

> Grand Dieu, qui de ce Tout m'as fait voir la
>> naissance,
> Descouure son berceau, monstre-moy son
>> enfance.
> Pourmeine mon esprit par les fleuris destours
> Des vergers doux-flairans, où serpentoit le cours
> De quatre viues eaux: conte-moy quelle offence
> Bannit des deux Edens Adam, & sa semence.

> Gott, der du mich der welt geburt hast sehen
>> lassen,

> Laß mich nun jhre wieg' vnd kindheit jetzt
>   auch fassen,
> Vnd meinen Geist vnd sinn sich in dem kreiß'
>   ergehn
> Der gärte vol geruchs, hier wo vier flüsse schön'
> Hinrauschen mitten durch: erzehl vmb was für
>   sachen
> Sich Adam vnd sein sam' auß Eden muste
>   machen.

Doch ist, wie hier zue sehen, in der anruffung allzeit die proposition zuegleich begrieffen. Auff dieses folget gemeiniglich die dedication; wie Virgilius seine Georgica dem Keiser Augustus zuegeschrieben. Item die vrsache, warumb man eben dieses werck vor sich genommen: wie im dritten buche vom Ackerbawe zue sehen:

    Cetera, quæ vacuas tenuissent carmina mentes,

    Omnia, jam vulgata; vnd wie folget. Dem ich in den Trostgetichten auch habe nachkommen wollen:

> Das ander ist bekandt. wer hat doch nicht
>   geschrieben

D 1ᵇ]
> Von Venus eitelkeit, vnd von dem schnöden
>   lieben,
>   Der blinden jugendt lust? wer hat noch nie
>   gehört
>   Wie der Poeten volck die grossen Herren
>   ehrt,
>
> Erhebt sie an die lufft, vnd weiß herauß zue
>   streichen
> Was besser schweigens werth, lest seine feder
>   reichen
>   Wo Menschen tapfferkeit noch niemals hin
>   gelangt,
>   Macht also das die welt mit bloßen lügen

prangt?

Wer hat zue vor auch nicht von riesen hören
sagen,
Die Waldt vnd Berg zuegleich auff einen orth
getragen,
Zue stürtzen Jupitern mit aller seiner macht,
Vnnd was des wesens mehr? nun ich bin
auch bedacht

Zue sehen ob ich mich kan auß dem staube
schwingen,
Vnd von der dicken schar des armen volckes
dringen
So an der erden klebt. ich bin begierde voll
Zue schreiben wie man sich im creutz' auch
frewen soll,

Sein Meister seiner selbst. ich wil die neun
Göttinnen,
Die nie auff vnser deutsch noch haben reden
können,
Sampt jhrem Helicon mit dieser meiner handt
Versetzen allhieher in vnser Vaterlandt.

Vieleichte werden noch die bahn so ich
gebrochen,
Geschicktere dann ich nach mir zue bessern
suchen,
D 2ᵃ]   Wann dieser harte krieg wird werden
hingelegt,
Vnd die gewündschte rhue zue Land vnd
Meer gehegt.

   Das getichte vnd die erzehlung selber belangend, nimpt sie es nicht so genawe wie die Historien, die sich an die zeit vnd alle vmbstende nothwendig binden mußen, vnnd wiederholet auch nicht, wie Horatius erwehnet, den Troianischen krieg von der Helenen vnd jhrer brüder geburt an: lest viel außen was sich nicht hin schicken wil, vnd setzet viel das zwar hingehöret, aber newe vnd vnverhoffet ist, vntermenget allerley fabeln, historien, Kriegeskünste, schlachten, rathschläge, sturm, wetter, vnd was sonsten zue erweckung der verwunderung in den gemütern von nöthen ist; alles mit solcher ordnung, als wann sich eines auff das andere selber allso gebe, vnnd vngesucht in das buch keme. Gleichwol aber soll man sich in dieser freyheit zue tichten vorsehen, das man nicht der zeiten vergeße, vnd in jhrer warheit irre. Wiewol es Virgilius, da er vorgegeben, Eneas vnd Dido hetten zue einer zeit gelebet, da doch Dido hundert jahr zuevor gewesen, dem Keyser vnd Römischen volcke, durch welches die stadt Carthago bezwungen worden, zue liebe gethan, damit er gleichsam von den bösen flüchen der Dido einen anfang der feindschafft zwischen diesen zweyen mächtigen völckern machte. Ob aber bey vns Deutschen so bald jemand kommen möchte, der sich eines vollkommenen Heroischen werckes vnterstehen werde, stehe ich sehr im zweifel, vnnd bin nur der gedancken, es sey leichtlicher zue wündschen als zue hoffen.

Die Tragedie ist an der maiestet dem Heroischen getichte gemeße, ohne das sie selten leidet, das man geringen standes personen vnd schlechte sachen einführe: weil sie nur von Königlichem willen, Todtschlägen, verzweiffelungen, Kinder- vnd Vätermörden, brande, blutschanden, kriege vnd auffruhr, kla-[D 2^b]gen, heulen, seuffzen vnd dergleichen handelt. Von derer zugehör schreibet vornemlich Aristoteles, vnd etwas weitleufftiger Daniel Heinsius; die man lesen kan.

Die Comedie bestehet in schlechtem wesen vnnd personen; redet von hochzeiten, gastgeboten, spielen, betrug vnd schalckheit der knechte, ruhmrätigen Landtsknechten, buhlersachen, leichtfertigkeit der jugend, geitze des alters, kupplerey vnd solchen sachen, die täglich vnter gemeinen Leuten vorlauffen. Haben derowegen die, welche heutiges tages Comedien geschrieben, weit geirret, die Keyser vnd Potentaten eingeführet; weil solches den regeln der Comedien schnurstracks zuewieder laufft.

Zue einer Satyra gehören zwey dinge: die lehre von gueten sitten vnd ehrbaren wandel, vnd höffliche reden vnd schertzworte. Jhr vornemstes aber vnd gleichsam als die seele ist, die harte verweisung der laster vnd anmahnung zue der tugend: welches zue vollbringen sie mit allerley stachligen vnd spitzfindigen reden, wie mit scharffen pfeilen, vmb sich scheußt. Vnd haben alle Satyrische scribenten zum gebrauche, das sie vngeschewet sich vor feinde aller laster angeben, vnd jhrer besten freunde ja jhrer selbst auch nicht verschonen, damit sie nur andere bestechen mögen: wie es denn alle drey Horatius, Juuenalis vnnd Persius meisterlich an den tag gegeben.

Das Epigramma setze ich darumb zue der Satyra, weil die Satyra ein lang Epigramma, vnd das Epigramma eine kurtze Satyra ist: denn die kürtze ist seine eigenschafft, vnd die spitzfindigkeit gleichsam seine seele vnd gestallt; die sonderlich an dem ende erscheinet, das allezeit anders als wir verhoffet hetten gefallen soll: in welchem auch die spitzfindigkeit vornemlich bestehet. Wiewol aber das Epigramma aller sachen vnnd wörter fähig ist, soll es doch lieber in Venerischem wesen, vberschrifften der begräbniße vnd gebäwe, Lobe vornemer Männer vnd Frawen, kurtzweiligen schertzreden vnnd anderem, es sey was [D 3ᵃ] es wolle, bestehen, als in spöttlicher hönerey vnd auffruck anderer leute laster vnd gebrechen. Denn es ist eine anzeigung eines vnverschämten sicheren gemütes, einen jetwedern, wie vnvernünfftige thiere thun, ohne vnterscheidt anlauffen.

Die Eclogen oder Hirtenlieder reden von schaffen, geißen,

seewerck, erndten, erdgewächsen, fischereyen vnnd anderem feldwesen; vnd pflegen alles worvon sie reden, als von Liebe, heyrathen, absterben, buhlschafften, festtagen vnnd sonsten auff jhre bäwrische vnd einfältige art vor zue bringen.

In den Elegien hat man erstlich nur trawrige sachen, nachmals auch buhlergeschäffte, klagen der verliebten, wündschung des todes, brieffe, verlangen nach den abwesenden, erzehlung seines eigenen Lebens vnnd dergleichen geschrieben; wie dann die meister derselben, Ouidius, Propertius, Tibullus, Sannazar, Secundus, Lotichius vnd andere außweisen.

Das ich der Echo oder des Wiederruffes zue ende der wörter gedencke, thue ich erstlich dem Dousa zue ehren, welcher mit etlichen solchen getichten gemacht hat, das wir etwas darvon halten; wiewol das so Secundus geschrieben (wie alle andere seine sachen) auch sehr artlich ist: darnach aber, weil ich sehe, das sie bey den Frantzosen gleichfalls im gebrauche sein; bey denen man sich ersehen kan. So sind jhrer auch zwey in meinen deutschen Poematis, die vnlengst zue Straßburg auß gegangen, zue finden. Welchen buches halben, das zum theil vor etlichen jahren von mir selber, zum theil in meinem abwesen von andern vngeordnet vnd vnvbersehen zuesammen gelesen ist worden, ich alle die bitte denen es zue gesichte kommen ist, sie wollen die vielfältigen mängel vnd irrungen so darinnen sich befinden, beydes meiner jugend, (angesehen das viel darunter ist, welches ich, da ich noch fast ein knabe gewesen, geschrieben habe) vnnd dann denen zuerechnen, die auß keiner bösen meinung meinen gueten namen dadurch zue erweitern bedacht ge-[D 3^b]wesen sein. Ich verheiße hiermitt, ehestes alle das jenige, was ich von dergleichen sachen bey handen habe, in gewiße bücher ab zue theilen, vnd zue rettung meines gerüchtes, welches wegen voriger vbereileten edition sich mercklich verletzt befindet, durch offentlichen druck jedermann gemeine zue machen.

Hymni oder Lobgesänge waren vorzeiten, die sie jhren Göttern vor dem altare zue singen pflagen, vnd wir vnserem GOtt singen sollen. Dergleichen ist der lobgesang den Heinsius vnserem erlöser, vnd der den ich auff die Christnacht geschrieben habe. Wiewol sie auch zuezeiten was anders loben; wie bey dem Ronsard ist der Hymnus der Gerechtigkeit, Der Geister, des Himmels, der Sternen, der Philosophie, der vier Jahreszeiten, des Goldes, &c.

Sylven oder wälder sind nicht allein nur solche carmina, die auß geschwinder anregung vnnd hitze ohne arbeit von der hand weg gemacht werden, von denen Quintilianus im dritten Capitel des zehenden buches saget: Diuersum est huic eorum vitium, qui primùm discurrere per materiam stylo quàm velocissimo volunt, & sequentes calorem atque impetum ex tempore scribunt: Hoc syluam vocant; vnd wie an den schönen syluis die Statius geschrieben zue sehen ist, welche er in der Epistel für dem ersten buche nennet libellos qui subito calore & quadam festinandi voluptate ipsi fluxerant: sondern, wie jhr name selber anzeiget, der vom gleichniß eines Waldes, in dem vieler art vnd sorten Bäwme zue finden sindt, genommen ist, sie begreiffen auch allerley geistliche vnnd weltliche getichte, als da sind Hochzeit- vnd Geburtlieder, Glückwündtschungen nach außgestandener kranckheit, item auff reisen, oder auff die zuerückkunft von denselben, vnd dergleichen.

Die Lyrica oder getichte die man zur Music sonderlich gebrauchen kan, erfodern zueföderst ein freyes lustiges gemüte, vnd wollen mit schönen sprüchen vnnd lehren häuffig geziehret [D 4ᵃ] sein: wieder der andern Carminum gebrauch, da man sonderliche masse wegen der sententze halten muß; damit nicht der gantze Cörper vnserer rede nur lauter augen zue haben scheine, weil er auch der andern glieder nicht entberen kan. Jhren inhalt betreffendt, saget Horatius:

> Musa dedit fidibus diuos, puerosque deorum
> Et pugilem victorem, & equum certamine
>   primum,
> Et iuuenum curas, & libera vina referre.

Er wil so viel zue verstehen geben, das sie alles was in ein kurtz getichte kan gebracht werden beschreiben können; buhlerey, täntze, banckete, schöne Menscher, Gärte, Weinberge, lob der mässigkeit, nichtigkeit des todes, &c. Sonderlich aber vermahnung zue der fröligkeit: welchen inhalts ich meiner Oden eine, zue beschliessung dieses Capitels, setzen wil:

Ode.

Ich empfinde fast ein grawen
    Das ich, Plato, für vnd für
    Bin gesessen vber dir;
Es ist zeit hienauß zue schawen,
Vnd sich bei den frischen quellen
In dem grünen zue ergehn,
Wo die schönen Blumen stehn,
Vnd die Fischer netze stellen.

Worzue dienet das studieren,
    Als zue lauter vngemach?
    Vnter dessen laufft die Bach
Vnsers lebens das wir führen,
Ehe wir es innen werden,
Auff jhr letztes ende hin;
Dann kömpt (ohne geist vnd sinn),
Dieses alles in die erden.

Hola, Junger, geh' vnd frage
    Wo der beste trunck mag sein;
    Nim den Krug, vnd fülle Wein.

D 4ᵇ]

>   Alles trawren leidt vnd klage,
>   Wie wir Menschen täglich haben
>   Eh' vns Clotho fortgerafft
>   Wil ich in den süssen safft
>   Den die traube giebt vergraben.
>
> Kauffe gleichfals auch melonen,
>   Vnd vergiß des Zuckers nicht;
>   Schawe nur das nichts gebricht.
>   Jener mag der heller schonen,
>   Der bey seinem Gold vnd Schätzen
>   Tolle sich zue krencken pflegt
>   Vnd nicht satt zue bette legt;
>   Ich wil weil ich kan mich letzen.
>
> Bitte meine guete Brüder
>   Auff die music vnd ein glaß
>   Nichts schickt, dünckt mich, nicht sich baß
>   Als guet tranck vnd guete Lieder.
>   Laß ich gleich nicht viel zue erben,
>   Ey so hab' ich edlen Wein;
>   Wil mit andern lustig sein,
>   Muß ich gleich alleine sterben.

[E 1ª] Das VI. Capitel.
Von der zuebereitung vnd ziehr der worte.

NAch dem wir von den dingen gehandelt haben, folgen jetzund die worte; wie es der natur auch gemeße ist. Denn es muß ein Mensch jhm erstlich etwas in seinem gemüte fassen, hernach das was er gefast hat außreden. Die worte bestehen in dreyerley; inn der elegantz oder ziehrligkeit, in der composition oder zuesammensetzung, vnd in der dignitet vnd ansehen.

Die ziehrligkeit erfodert das die worte reine vnd deutlich sein. Damit wir aber reine reden mögen, sollen wir vns befleissen deme welches wir Hochdeutsch nennen besten vermögens nach zue kommen, vnd nicht derer örter sprache, wo falsch geredet wird, in vnsere schrifften vermischen: als da sind, es geschach, für, es geschahe, er sach, für, er sahe; sie han, für sie haben vnd anderes mehr: welches dem reime auch bißweilen außhelffen sol; als:

> Der darff nicht sorgen für den spot,
> Der einen schaden krieget hot.

So stehet es auch zum hefftigsten vnsauber, wenn allerley Lateinische, Frantzösische, Spanische vnnd Welsche wörter in den text vnserer rede geflickt werden; als wenn ich wolte sagen:

> Nennt an die courtoisie, vnd die deuotion,

Die euch ein cheualier, madonna, thut erzeigen:
Ein' handvol von fauor petirt er nur zue
lohn,
Vnd bleibet ewer Knecht vnd seruiteur gantz
eigen.

Wie selttzam dieses nun klinget, so ist nichts desto weniger die thorheit innerhalb kurtzen Jharen so eingeriessen, das ein jeder, [E 1ᵇ] der nur drey oder vier außländische wörter, die er zum offtern nicht verstehet, erwuscht hat, bey aller gelegenheit sich bemühet dieselben herauß zue werffen, Da doch die Lateiner eine solche abschew vor dergleichen getragen, das in jhren versen auch fast kein griechisch wort gefunden wird, das zwar gantz griechisch ist. Dann Juuenalis setzet inn einem orte ζωὴ καὶ ψυχή, eben dieselben auß zue lachen, die sich in jhren buhlereyen mit griechischen wörtern behelffen: in dem andern orte aber thut er es darumb, das er die schändliche sünde, daran Christen auch nicht gedencken sollen, lateinisch auß zuesprechen abschew treget: wiewol er sonsten kein blat für das maul nimpt. Was aber die nomina propria oder eigentlichen namen der Götter, Männer vnd Weiber vnd dergleichen betrifft, dürffen wir nach art der Lateiner vnd Griechen jhre casus nicht in acht nemen, sondern sollen sie so viel möglich auff vnsere endung bringen. Als, ich mag künlich nach der Deutschen gebrauche sagen:

Der schnelle plitz, des Jupiters geschoß,

vnd nicht, des Jouis. Item, der Venus pfeile, nicht veneris. Wie es denn auch die Römer mit den griechischen wörtern machen. Die Frantzosen gleichfals. Bartaß in seinem Buche, dem er den titel die Herrligkeit gegeben:

Vn grand Gymnosophiste, vn Druyde, vn

Brachman.

Item die Hollender. Als Heinsius:

> van daer is zij gegaen
> By Thetis haer vrindin, en sprack Neptunus
> aen.

Doch können wir anfanges, weil es in vieler ohren noch etwas harte lautet, etliche lateinische endungen noch gebrauchen, biß wir in die gewonheit kommen sind. Als wenn ich der Erinnen, die Stobeus anzeucht, verß geben wollte.

Χαῖρέ μοι Ῥώμα θυγάτηρ Ἄρηος,

mag ich wol setzen:

[E 2ᵃ] O Rom, des Martis kind, sey sehr gegrüßt von mir; denn im fall ich spreche, O Rom, du kind des Mars, möchte es vielen zue anfange seltzam vorkommen.

Die diphthongi oder doppeltlautenden Buchstaben, weil sie bey vns nicht vblich, dürffen nur mit dem selblautenden buchstaben geschrieben werden, dessen thon sie haben; als Enéas, Eschylus, Mecenas &c.

Newe wörter, welches gemeiniglich epitheta, derer wir bald gedencken werden, vnd von andern wörtern zuesammen gesetzt sindt, zue erdencken, ist Poeten nicht allein erlaubet, sondern macht auch den getichten, wenn es mässig geschiehet, eine sonderliche anmutigkeit. Als wenn ich die nacht oder die Music eine arbeittrösterinn, eine kummerwenderinn, die Bellona mit einem dreyfachen worte kriegs-blut-dürstig, vnd so fortan nenne. Item den Nortwind einen wolckentreiber, einen felssen stürmer vnd meerauffreitzer: wie jhn Ronsardt (denn die Frantzosen nechst den Griechen hierinnen meister sindt) im 202. Sonnet seines andern buches der Buhlersachen heisset:

> Fier Aquilon horreur de la Scythie,
> Le chasse-nue, & l'esbransle-rocher,
> L'irrite-mer.

Welches auß dem Ouidio genommen ist.

> Apta mihi vis est, hac tristia nubila pello,
> Hac freta concutio, nodosaque robora verto.

Solches stehet auch an seinem orte bey den Lateinern nicht vbel; als da Catullus saget in seinem vberauß schönen getichte vom Atys:

Vbi cerua syluicultrix, vbi aper nemoriuagus Vnd Publius Syrus von dem storche:

> Pietaticultrix, gracilipes, crotalistria,
> Auis exulhiemis.

[E 2ᵇ] In welchen erfindungen Joseph Scaliger zue vnserer zeit meines bedünckens alle andere, auch die alten selber, vbertroffen.

Darbey aber vns Deutschen diß zue mercken ist, das das nomen verbale, als treiber, stürmer, auffreitzer, &c. allzeit, wie bey den Lateinern, muß hinten gesetzt werden; wieder der Frantzosen gebrauch, derer sprache es nicht anders mit sich bringt. So Heinsius in dem Lobgetichte des Weingottes, welches er auch zum theil von dem Ronsardt entlehnet:

> Nacht-looper, Heupe-soon, Hooch-schreeuwer,
>   Groote-springer,
> Goet-geuer, Minne-vrient, Hooft-breker,
>   Leeuwen-dwinger,
> Hert-vanger, Herßen-dief, Tong-binder,
>   Schudde-dol,
> Geest-roerder, Waggel-voet, Staet-kruijßer,
>   Altijet-vol.

Vnd nach meiner verdolmetschung:

> Nacht-leuffer, Hüffte-sohn, Hoch-schreyer,
>   Lüfften-springer,
> Guet-geber, Liebesfreundt, Haupt-brecher,
>   Löwen-zwinger,
> Hertz-fänger, Hertzen-dieb, Mund-binder,
>   Sinnen-toll,
> Geist-rhürer, wackel-fuß, Stadt-kreischer,
>   Allzeit-voll.

Wie denn auch sonsten die epitheta bey vns gar ein vbel außsehen haben, wenn sie hinter jhr substantiuum gesetzet werden, als: Das mündlein roht, der Weltkreiß rund, die hände fein; für: das rothe mündlein, der [E 3ᵃ] runde Weltkreiß, die feinen hände, &c. wiewol bey vnsern reimenmachern nichts gemeiner ist.

So bringen auch die Frantzosen newe Verba herfür, welche, wenn sie mit bescheidenheit gesetzet werden, nicht vnartig sind. Als Ronsardt brauchet in einer Elegie an die Caßandra, das wort Petrarquiser, das ist, wie Petrarcha buhlerische reden brauchen:

> Apprendre l'art de bien Petrarquiser.

Vnd ich habe es jhm mit einem anderen worte nachgethan, da ich die Leyer anrede:

> Jetzt solt du billich mehr als wol,
> O meine lust, Pindarisiren.

Ich darff aber darumb nicht bald auß dem Frantzösischen sagen: approchiren, marchiren; oder auß dem Lateine: dubitiren, seruiren; gaudiren, wie zwar die zue thun pflegen, die eher jhre Muttersprache verterben, als das sie nicht wollen sehen laßen, das sie auch was frembdes gelernet haben.

Wie nun wegen reinligkeit der reden frembde wörter vnnd dergleichen mußen vermieden werden; so muß man auch der deutligkeit halben sich für alle dem hüten, was vnsere worte tunckel vnd vnverstendtlich macht. Als wann ich sagen wollte: Das weib das thier ergrieff. Hier were zue zweiffeln, ob das weib vom thiere, oder das thier vom weibe were ergrieffen worden: welches die Griechen eine ἀμφιβολίαν nennen.

Der πλεονασμὸς, da etwas vbriges gesaget wird, verstellet auch die rede zue weilen nicht wenig. Als wann ich spreche:

Ein schwartzes Kind das nicht war weiß;

weil es sich wol ohne diß verstehet. So wie Pansa sagete: Das Kind were von der Mutter zehen monat im leibe getragen worden: fragete Cicero: ob andere weiber die kinder im rocke trügen. Doch hilfft bißweilen das was vbrig hinzue gesetzt wird auch zu [E 3ᵇ] auffmutzung der rede. So saget Virgilius:

Vocemque his auribus hausi.

Mit meinen ohren hab' ich es vernommen;

zue mehrer bestetigung deßen das er erzehlet.

Die ἀναστροφὴ oder verkehrung der worte stehet bey vns sehr garstig, als: Den sieg die Venus kriegt; für: Die Venus kriegt den sieg. Item: Sich selig dieser schätzen mag; für: Dieser mag sich selig schätzen. Vnnd so offte dergeleichen gefunden wird, ist es eine gewiße anzeigung, das die worte in den verß gezwungen vnd gedrungen sein.

Auff die außlesung der worte, sagen wir nun billich auch von jhrer zuesammensetzung; wie wir nemlich die buchstaben, syllaben vnd wörter aneinander fügen sollen.

Weil ein buchstabe einen andern klang von sich giebet

als der andere, soll man sehen, das man diese zum offteren gebrauche, die sich zue der sache welche wir für vns haben am besten schicken. Als wie Virgilius von dem berge Etna redet, brauchet er alles harte vnd gleichsam knallende buchstaben:

>Vidimus vndantem ruptis fornacibus Aetnam
>Flammarumque globos, liquefactaque voluere
>>saxa

>>wie Etna, wenn er strewet
>Die flammen in die lufft, vnd siedend' hartz
>>außspeyet,
>Vnd durch den holen schlund bald schwartze
>>wolcken bläßt,
>Bald gantze klüfften stein' vnd kugeln fliegen
>>lest.

Heinsius saget:

>Gelyck als Etna schiet vyt haere diepe kolcken
>Een grondeloose zee van vlammen in de
>>wolcken.

So, weil das L vnd R fließende buchstaben sein kan ich mir [E 4ᵃ] sie in beschreibung der bäche vnd wäßer wol nütze machen, als:

>Der klare brunnen quilt mitt lieblichem
>>gerausche &c.

Wie nun bißweilen eine solche zuesammenstoßung der buchstaben recht vnd guet ist; soll man sie doch sonsten mitt einander so wißen zue vermengen, das nicht die rede dadurch gar zue raw oder zue linde werde. Eben dieses ist es auch, wann eine syllabe oder wort zue offte wiederholet wird; als: Die die dir diese dinge sagen.

Item, Es siehet nicht wol auß, wenn ein Verß in lauter eynsylbigen wörtern bestehet. Deßen exempel Ronsard giebet:

Ie vy le ciel si beau, si pur et net.

Wiewol wir deutschen, wegen der menge der einsylbigen wörter die wir haben, es zuezeiten kaum vermeiden können.
Hergegen sollen die verß, sonderlich die Masculini (wie wir sie im folgenden Capitel nennen werden) sich nicht mit viel sylbigen wörtern enden.

Ich wil euch williglich mit vnterthänigkeit.
Zue dienste sein, Hertzlieb, bey der gelegenheit.

Dann die verß gar zue grob vnd harte dadurch gemacht werden.
Das ansehen vnd die dignitet der Poetischen rede anlangt, bestehet dieselbe in den tropis vnnd schematibus, wenn wir nemblich ein wort von seiner eigentlichen bedeutung auff eine andere ziehen. Dieser figuren abtheilung, eigenschafft vnd zuegehör allhier zue beschreiben, achte ich darumb vnvonnöthen, weil wir im deutschen hiervon mehr nicht als was die Lateiner zue mercken haben, vnd also genungsamen vnterricht hiervon neben den exempeln aus Scaligers vnnd anderer gelehrten leute büchern nemen können. Dessen wil ich nur erinnern, das für allen dingen nötig sey, höchste möglichkeit zue versuchen, wie man die epitheta; an denen bißher bey vns grosser mangel ge-[E 4ᵃ]wesen, sonderlich von den Griechen vnd Lateinischen abstehlen, vnd vns zue nutze machen möge: Dann sie den Poetischen sachen einen solchen glantz geben, das Stesichorus für den anmutigsten Poeten ist gehalten worden, weil er desselbigen zum füglichsten sich gebraucht hat.
Sie mussen aber so gemacht werden, das sie entweder die

dinge von denen wir reden von andern vnterscheiden; als da der Poet spricht: nigra hirundo, die schwartze Schwalbe, oder sie vermehren als: frigida bello Dextera, eine handt die im kriege nicht viel außrichtet.

Sie mussen auch warhafftig sein, vnd etwas nicht anders beschreiben als es ist. Zum exempel: florida Hybla; weil viel Blumen darauff wachsen sollen: Parnassia laurus, æstuosa Calabria, vnd dergleichen. Strabo rhümet den Homerus, das er die eigenschafft eines, etwedern dinges sehr genaw in acht genommen, vnd jhm vnfehlber sein gehöriges epitheton allzeit gegeben habe. Die Poeten, denen mehr freyheit als den Oratoren eingeräumet ist, können auch wol den schnee weiß, vnnd den wein feuchte nennen: wie Aristoteles im dritten buche der Rhetoric, vnnd Quintilianus im sechsten Capitel des achten buches saget. Wiewol Virgilius nicht ohne vrsache setzet:

 cæduntque securibus humida vina;

Denn in dem er spricht, das man in den Mitternächtischen Ländern den gefrorenen Wein, der doch von natur sonst naß ist, mit äxten zuehawen muß, macht er das man desto mehr der vngewöhnlichen kälte nachdenckt.

Letzlich haben wir in vnserer sprache dieses auch zue mercken, das wir nicht vier oder fünff epitheta zu einem worte setzen, wie die Italiener thun, die wol sagen dürffen:

 Alma, bella, angelica, et fortunata donna;

 Du schönes, weisses, englisches, glückhafftes,
  edles bildt;

[F 1ᵃ] Denn solches bloß zue außfüllung des verses dienet.

Dieses sey nun von der allgemeinen zuegehör der Poetischen rede: weil aber die dinge von denen wir schreiben vnterschieden sind, als gehöret sich auch zue einem jeglichen ein eigener vnnd von den andern vnterschiedener Character oder merckzeichen der worte. Denn wie ein anderer habit einem könige, ein anderer einer priuatperson gebühret, vnd ein Kriegesman so, ein Bawer anders, ein Kauffmann wieder anders hergehen soll: so muß man auch nicht von allen dingen auff einerley weise reden; sondern zue niedrigen sachen schlechte, zue hohen ansehliche, zue mittelmässigen auch mässige vnd weder zue grosse noch zue gemeine worte brauchen.

In den niedrigen Poetischen sachen werden schlechte vnnd gemeine leute eingeführet; wie in Comedien vnd Hirtengesprechen. Darumb tichtet man jhnen auch einfaltige vnnd schlechte reden an, die jhnen gemässe sein: So Tityrus bey dem Poeten, wenn er seines Gottes erwehnet, redet er nicht von seinem plitze vnd donner, sondern

Ille meas, sagt er, errare boues, vt cernis, & ipsum
Ludere quæ vellem calamo permisit agresti.

Du siehst, er leßt mein Vieh herumb gehn ohne
　　ziehl,
Vnd mich auff meiner flöt' auch spielen was ich
　　wil.

Wie Theocritus sonsten inn dem paß wol jederman vberlegen, so weiß ich doch nicht wie sein Aites mir sonderlich behaget: inmassen ich denn auch halte, das Heinsius gleichfals grossen gefallen daran treget, der dieses Idyllion Lateinisch vnnd Hollendisch gegeben. Weil ich jhm aber im deutschen nachgefolget, vnd den niedrigen Character, von dem wir jetzo reden, nicht besser vorzuestellen weiß, wil ich meine übersetzung hierneben fügen.

[F 1^b] Theocriti Aites.

Bist du gekommen dann, nach dem ich nun
　　gewacht
Nach dir, mein liebstes Kind, den dritten tag
　　vnnd Nacht?
Du bist gekommen, ja. doch wer nicht kan noch
　　mag
Sein lieb sehn wann er wil, wird alt auff einen
　　tag.
So viel der Früling wird dem Winter vorgesetzt,
Vor wilden pflaumen vns ein Apffel auch
　　ergetzt,
Das Schaff mit dicker woll' ein Lamb beschämen
　　kan,
Die Jungfraw süsser ist als die den dritten Man
Bereit hat fort geschickt; so viel als besser

springt
Ein rehbock als ein Kalb, vnd wann sie lieblich
    singt
Die leichte Nachtigall den Vogeln abgewint,
So ist dein beysein mir das liebste das man findt.
Ich habe mich gesetzt bey diesen Buchbawm
    hin,
Gleich wie ein Wandersman thut im fürüber
    ziehn,
In dem die Sonne sticht. ach, das die liebe doch
Vns wolte beyderseits auch fügen an jhr ioch,
An jhr gewündtschtes Ioch, vnd das die nach
    vns sein
Von vns mit stettem rhum erzehlten vberein:
Es ist ein liebes par gewesen vor der zeit,
Das eine freyte selbst, das ander ward gefreyt:
Sie liebten beyde gleich. ward nicht das volck
    ergetzt
Wie liebe wiederumb mit liebe ward ersetzt!
Ach Jupiter, vnd jhr, jhr Götter gebt mir zue,
F 2ᵃ] Wann ich nach langer zeit schon lieg' in meiner
    rhue,
Das ich erfahren mag, das dem der mich jtzt
    liebt
Vnd meiner trewen gunst ein jeder zeugniß
    giebt;
Doch mehr das junge volck. nun diß muß nur
    ergehn,
Jhr Götter, wie jhr wolt. es pflegt bey euch zue
    stehn
Doch lob' ich dich zwar hoch, so hoff ich
    dennoch nicht
Das jrrgend jemand ist der etwas anders spricht.
Dann ob dein grimm mir schon offt' etwas vbels
    thut

> So machst du es hernach doch doppelt wieder
> gut.
> O volck von Megara, jhr schiffer weit bekandt,
> Ich wündsche das jhr wol bewohnt das reiche
> landt
> Vnd vfer bey Athen, weil jhr so höchlich liebt
> Dioclem der sich auch im lieben sehr geübt:
> Weil allzeit vmb sein grab sehr viel liebhaber
> stehn,
> Die lernen einig nur mit küssen vmb recht
> gehn,
> Vnd streiten gleich darumb, vnd wer dann
> Mundt an mundt
> Am aller besten legt, dem wird der krantz
> vergunt,
> Den er nach hause dann zue seiner Mutter
> bringt.
> Ach, ach, wie glücklich ist dem es so wol gelingt
> Das er mag richter sein. wie offte rufft er wol
> Das Ganymedes jhm den Mund so machen sol
> Als einen Stein durch den der goldschmiedt
> vrtheil spricht
> Ob auch gewiß das Goldt recht gut sey oder
> nicht.

[F 2ᵇ] Hergegen in wichtigen sachen, da von Göttern, Helden, Königen, Fürsten, Städten vnd der gleichen gehandelt wird, muß man ansehliche, volle vnd hefftige reden vorbringen, vnd ein ding nicht nur bloß nennen, sondern mit prächtigen hohen worten vmbschreiben. Virgilius sagt nicht: die oder luce sequenti; sondern

> vbi primos crastinus ortus
> Extulerit Titan, radiisque retexerit orbem.

Wann Titan morgen wird sein helles liecht

>   auffstecken,
> Vnd durch der stralen glantz die grosse welt
>   entdecken.

Die mittele oder gleiche art zue reden ist, welche zwar mit jhrer ziehr vber die niedrige steiget, vnd dennoch zue der hohen an pracht vnd grossen worten noch nicht gelanget. In dieser gestalt hat Catullus seine Argonautica geschrieben; welche wegen jhrer vnvergleichlichen schönheit allen der Poesie liebhabern bekandt sein, oder ja sein sollen. Bißhieher auch dieses: nun ist noch vbrig das wir von den reimen vnd vnterschiedenen art der getichte reden.

Das VII. Capitel.
Von den reimen, jhren wörtern vnd arten der getichte.

EIn reim ist eine vber einstimmung des lautes der syllaben vnd wörter zue ende zweyer oder mehrer verse, welche wir nach der art die wir vns fürgeschrieben haben zuesammen setzen. Damit aber die syllben vnd worte in die reimen recht gebracht werden, sind nachfolgende lehren in acht zue nemen.

Erstlich, weil offte ein Buchstabe eines doppelten lautes ist, soll man sehen, das er in schliessung der reimen nicht vermenget [F 3ª] werde. Zum exempel: Das e in dem worte ehren wird wie ein griechisch ε, in dem worte nehren wie ein η außgesprochen: kan ich also mit diesen zweyen keinen reim schliessen. Item, wenn ich des Herren von Pybrac Epigramma wolte geben:

> Adore assis, comme le Grec ordonne,
>   Dieu en courant ne veut estre honoré,
>   D'vn ferme coeur il veut estre adoré,
> Mais ce coeur là il faut qu'il nous le donne.

> Zum beten setze dich, wie jener Grieche lehret,
>   Denn GOtt wil auff der flucht nicht
>   angeruffen sein:
>   Er heischet vnd begehrt ein starckes hertz'

allein;
Das hat man aber nicht, wann er es nicht bescheret.

Hier, weil das e im lehret wie ε, das im bescheret wie η gelesen wird, kan ich vor bescheret das wort verehret setzen. So schicken sich auch nicht zusammen entgegen vnd pflegen; verkehren vnd hören: weil das ö von vnns als ein ε, vnnd die mitlere sylbe im verkehren wie mit einem η gelesen wirdt. So kan ich auch ist vnd bist wegen des vngleichen lautes gegen einander nicht stellen.

Das e, wann es vor einem andern selblautenden Buchstaben zue ende des wortes vorher gehet, es sey in wasserley versen es wolte, wird nicht geschrieben vnd außgesprochen, sondern an seine statt ein solches zeichen ' darfür gesetzt. Zum exempel wil ich nachfolgendes Sonnet setzen, weil diese außenlaßung zue sechs malen darinnen wiederholet wird:

    Ich muß bekennen nur, wol tausendt
        wündtschen mir,

F 3^b]   Vnd tausendt noch dar zue, ich möchte
        die doch meiden
    Die mein' ergetzung ist, mein trost, mein weh
        vnd leiden
    Doch macht mein starckes hertz', vnd jhre
        grosse ziehr,

An welcher ich sie selbst dir, Venus setze für,
    Das ich, so lang' ein Hirsch wird lieben
        püsch' vnd Heiden,
    So lange sich dein Sohn mit threnen wird
        beweiden,
    Wil ohne wancken stehn, vnd halten vber
        jhr.

> Kein menschlich weib hat nicht solch gehn,
> solch stehn, solch lachen,
> Solch reden, solche tracht, solch schlaffen
> vnnd solch wachen:
> Kein Waldt, kein Heller fluß, kein hoher
> Berg, kein Grundt
>
> Beherbrigt eine Nymf' an welcher solche gaben,
> Zue schawen mögen sein; die so schön haar
> kan haben,
> Solch' augen als ein stern, so einen roten
> mundt.

Hiervon werden außgeschlossen, wie auch Ernst Schwabe in seinem Büchlein erinnert, die eigenen namen, als: Helene, Euphrosine; darnach alle einsylbige wörter, als: Schnee, See, wie, die, &c.

Zue ende der reimen, wann ein Vocalis den folgenden [F 4ᵃ] verß anhebet, kan man das e stehen lassen oder weg thun. Stehen bleibt es:

> wie rufft er vor dem ende
> Vns seinen Kindern zue.

Weg gethan aber wird es:

> Jhr hölen voller moß, jhr auffgeritzten stein'
> Jhr felder, &c.

Wann auff das e ein Consonans oder mitlautender Buchstabe folget, soll es nicht aussen gelassen werden: ob schon niemandt bißher nicht gewesen ist, der in diesem nicht verstossen. Ich kan nicht recht sagen:

> Die wäll der starcken Stadt vnnd auch jhr tieffe
> Graben;

Weil es die Wälle vnd jhre Graben sein soll. Auch nicht wie Melißus:

> Rot rößlein wolt' ich brechen,

für, Rote rößlein.
Gleichfals nicht:

> Nemt an mein schlechte reime,

für: Meine.
Es soll auch das e zueweilen nicht auß der mitten der wörter gezogen werden; weil durch die zuesammenziehung der sylben die verse wiederwertig vnd vnangeneme zue lesen sein. Als, wann ich schriebe:

> Mein Lieb, wann du mich drücktst an deinen
>   lieblchen Mundt,
> So thets meinm hertzen wol vnd würde frisch
>   vnd gsundt.

Welchem die reime nicht besser als so von statten gehen, [F 4ᵇ] mag es künlich bleiben lassen: Denn er nur die vnschuldigen wörter, den Leser vnd sich selbst darzue martert vnnd quelet. Wiewol es nicht so gemeinet ist, das man das e niemals aussenlassen möge: Weil es in Cancelleyen (welche die rechten lehrerinn der reinen sprache sind) vnd sonsten vblich, auch im außreden nicht verhinderlich ist. Vnnd kan ich wol sagen, vom für von dem, zum für zue dem, vnd dergleichen. So ist es auch mit den verbis. Als:

> Die Erde trinckt für sich, die Bäwme trincken
>   erden,
> Vom Meere pflegt die lufft auch zue getruncken
>   werden,
> Die Sonne trinckt das Meer, der Monde trinckt

> die Sonnen;
> Wolt dann, jhr freunde, mir das trincken nicht
> vergonnen?

Hier, ob gleich die wörter trincket, pfleget, wollet, inn eine sylbe gezogen sind, geschieht jhnen doch keine gewalt. Hiesige verß aber sindt in Griechischen bei dem Anacreon:

> Ἐ γῇ μέλαινα πίνει
> Πίνει δὲ δένδρε᾿ αὐτὴν
> Πίνει θάλασσα δ᾿ αὔρας,
> Ο δ᾿ ἥλιος θάλασσαν,
> Τὸν δ᾿ ἥλιον σελήνη.
> Τὶ μοι μάχεσθ᾿ ἑταῖροι,
> Κ᾿ αὐτῷ θέλοντι πίνειν;

Welche oden ich sonst auch in ein distichon gebracht; weil ich zue den lateinischen Anacreonten weder lust noch glück habe.

G 1ᵃ] Terra bibit, terram plantæ, auras æquor, amici,
    Æquor Sol, Solem Luna; nec ipse bibam?

Stehet das h zue anfange eines wortes, so kan das e wol geduldet werden; als:

> Vnd was hilfft es das mein spiel
> Alle die es hören loben
> Du hergegen, o mein licht?
> Die ich lobe, hörst es nicht.

Oder auch aussen bleiben; als:

> Was kan die künstlich' hand?

Ferner soll auch das e denen wörtern zue welchen es nicht gehöret vnangehencket bleiben; als in casu nominatiuo:

> Der Venus Sohne. Item, wie Melißus sagt:
> Ein wolerfahrner helde.

Vnd:

> Dir scheint der Morgensterne;

Weil es Sohn, Held, Stern heisset.

Vber diß, die letzte sylbe in den männlichen, vnd letzten zwo inn den weiblichen reimen (wie wir sie bald abtheilen werden) sollen nicht an allen Buchstaben gleiche sein; als, in einem weiblichen reime:

> Wir sollen frembdlingen gar billich ehr'
>   erzeigen,
> Vnd so viel möglich ist, ein willig hertze zeigen.

Es ist falsch; weil die letzten zwo sylben gantz eines sindt: kan aber so recht gemacht werden:

> Wir sollen frembdlingen gar billich ehr'
>   erzeigen,
> Vnd, wann es müglich ist, die Sonn' auch selbst
>   zueneigen.

Wiewol es die Frantzosen so genaw nicht nemen. Dann in [G 1^b] nachfolgender Echo, welche vom tantze redet, alle verß gleiche fallen.

> Qui requiert fort & mesure & cadance? Dance.
> Qui faict souuent aux nopces residence? Dance.
> Qui faict encor filles en abondance? Dance.
> Qui faict sauter fols par outrecuidance? Dance.
> Qui est le grand ennemy de prudence? Dance.
> Qui met aux frons cornes pour euidence? Dance.

> Qui faict les biens tomber en decadence? Dance.

Gleichfals begehet man einen fehler, wann in dem rythmo fœminino die letzte sylbe des einen verses ein t, des andern ein d hat; weil t harte vnd d gelinde außgesprochen wird. Als im 23. Psalme:

> Auff einer grünen Awen er mich weidet,
> Zum schönen frischen wasser er mich leitet.

So auch, wann das eine u ein selblautender, das andere ein doppeltlautender Buchstabe ist, vnd fast wie ein i außgesprochen wird. Als im 42. Psalme:

> Bey jhm wird heil gefunden,
> Israel er von sünden.

Dann in dem worte sünden ist das u ein diphthongus.

Vnd letzlich wird der reim auch falsch, wann in dem einen verse das letzte wort einen doppelten consonantem; vnnd das in dem andern einen einfachen hat; als: wann der eine verß sich auff das wort harren; der andere auff das wort verwahren, oder der eine auff rasen, der andere auff gleicher massen endete. Denn es eine andere gelegenheit mit der Frantzösischen sprache hatt, da zwar zweene consonantes geschrieben, aber gemeiniglich nur einer außgesprochen wird.

[G 2ᵃ] Das wir nun weiter fortfahren, so ist erstlich ein jeglicher verß, wie sie die Frantzosen auch abtheilen, (denn der Italiener zarte reimen alleine auf die weibliche endung außgehen) entweder ein fœmininus, welcher zue ende abschiessig ist, vnd den accent in der letzten sylben ohne eine hat, Als:

> Er hat rund vmb sich her das wasser
>   außgespreitet,

Den köstlichen pallast des Himmels zue bereitet;

Oder masculinus, das ist, männlicher verß, da der thon auff der letzten sylben in die höhe steiget; als:

Den donner, reiff vnd schnee, der wolcken
    blawes zelt,
Ost, Norden, Sud vnd West in seinen dienst
    bestelt.

Nachmals ist auch ein jeder verß entweder ein iambicus oder trochaicus; nicht zwar das wir auff art der griechen vnnd lateiner eine gewisse grösse der sylben können inn acht nemen; sondern das wir aus den accenten vnnd dem thone erkennen, welche sylbe hoch vnnd welche niedrig gesetzt soll werden. Ein Iambus ist dieser:

Erhalt vns Herr bey deinem wort.

Der folgende ein Trochéus:

Mitten wir im leben sind.

Dann in dem ersten verse die erste sylbe niedrig, die andere hoch, die dritte niedrig, die vierde hoch, vnd so fortan, in dem anderen verse die erste sylbe hoch, die andere niedrig, die dritte hoch, &c. außgesprochen werden. Wiewol nun meines wissens noch niemand, ich auch vor der zeit selber nicht, dieses genawe in acht genommen, scheinet es doch so hoch von nöthen zue sein, als hoch von nöthen ist, das die Lateiner nach den quantitatibus oder grössen der sylben jhre verse richten vnd reguliren. Denn es gar einen übelen klang hat:

[G 2ᵇ] Venus die hat Juno nicht vermocht zue obsiegen; weil Venus vnd Juno Iambische, vermocht ein Trochéisch wort sein soll: obsiegen aber, weil die erste sylbe hoch, die andern zwo niedrig sein, hat eben den thon welchen bey den lateinern der dactylus hat, der sich zueweilen (denn er gleichwol auch kan geduldet werden, wenn er mit vnterscheide gesatzt wird) in vnsere sprache, wann man dem gesetze der reimen keine gewalt thun wil, so wenig zwingen leßt, als castitas, pulchritudo vnd dergleichen in die lateinischen hexametros vnnd pentametros zue bringen sind. Wiewol die Frantzosen vnd andere, in den eigentlichen namen sonderlich, die accente so genawe nicht in acht nemen wie ich dann auch auff art des Ronsardts in einer Ode geschrieben:

 Bin ich mehr als Anacreon,
Als Stesichór vnd Simonídes,
Als Antimáchus vnd Bion,
Als Phílet oder Bacchylídes?

Doch, wie ich dieses nur lust halben gethan, so bin ich der gedancken, man solle den lateinischen accenten so viel möglich nachkommen.

Vnter den Iambischen versen sind die zue föderste zue setzen, welche man Alexandrinische, von jhrem ersten erfinder, der ein Italiener soll gewesen sein, zue nennen pfleget, vnd werden an statt der Griechen vnd Römer heroischen verse gebraucht: Ob gleich Ronsardt die Vers communs oder gemeinen verse, von denen wir stracks sagen werden, hierzue tüchtiger zue sein vermeinet; weil die Alexandrinischen wegen jhrer weitleufftigkeit der vngebundenen vnnd freyen rede zue sehr ähnlich sindt, wann sie nicht jhren mann finden, der sie mit lebendigen farben herauß zue streichen weiß. Weil aber dieses einem Poeten zuestehet, vnd die vber welcher vermögen es ist nicht gezwungen sind [G 3ᵃ] sich darmit zue ärgern, vnsere sprache auch ohne diß in solche enge der wörter wie die Frantzösische nicht kan gebracht werden, mussen vnd können wir sie an statt der heroischen verse gar wol behalten: inmassen dann auch die Niederländer zue thun pflegen.

Der weibliche verß hat dreyzehen, der männliche zwölff sylben; wie der iambus trimeter. Es muß aber allezeit die sechste sylbe eine cæsur oder abschnitt haben, vnd masculinæ terminationis, das ist, entweder ein einsylbig wort sein, oder den accent in der letzten sylben haben; wie auch ein vornemer Mann, der des Herren von Bartas Wochen in vnsere sprache vbersetzt hat, erinnert. Zum exempel sey dieses:

> Dich hette Jupiter, nicht Paris, jhm erkohren,
> Vnd würd' auch jetzt ein Schwan wann dich
>   kein schwan gebohren,
> Du heissest Helena, vnd bist auch so
>   geziehrt,
> Vnd werest du nicht keusch, du würdest
>   auch entführt.

Hier sind die ersten zweene verß weibliche, die andern zweene männliche: Denn mann dem weiblichen in diesem genere carminis gemeiniglich die oberstelle läßt; wiewol auch etliche von den männlichen anfangen.

Bey dieser gelegenheit ist zue erinnern, das die cæsur der sechsten syllben, sich weder mit dem ende jhres eigenen verses, noch des vorgehenden oder nachfolgenden reimen soll; oder kürtzlich; es sol kein reim gemacht werden, als da wo er hin gehöret: als:

> Ein guet gewissen fragt nach bösen mäulern
>   nicht,
> Weil seiner tugend liecht so klar hereiner bricht
>   Als wie Aurora selbst, &c.

Dann solches stehet eben so vbel als die reimen der lateini-[G 3^{b}]schen verse; deren exempel zwar bey den gutten Autoren wenig zue finden, der Mönche bücher aber vor etzlich hundert Jahren alle voll sindt gewesen.

So ist es auch nicht von nöthen, das der periodus oder sententz allzeit mit dem verse oder der strophe sich ende: ja es stehet zierlich, wann er zum wenigsten biß zue des andern, dritten, vierdten verses, auch des ersten in der folgenden strophe cæsúr behalten wird. Zum exempel:

    1. nein nein, wie bleich ich bin,
Nicht vom studiren nur, so bleibt doch wie
  vorhin
Mein vorsatz vnbewegt; 2. ich wil mein glücke
  tragen
So lang' ich kan vnd mag; wil setzen auff den
  wagen
  Der grawen ewigkeit durch meiner Leyer
   kunst
  Die braune Flauia: 3. an stat der Musen
   gunst
Ist jhrer augen glut: 4. das sternenliechte fewer
Kömpt, wie der schöne Nort den Schieffen, mir
  zue stewer.

Item:

  1. Ja wir gedencken vns wie meister fast zue
   werden
Des grossen Jupiters, vnd donnern auff der
  erden
  Durch des Geschützes plitz; 2. die Berge
   zittern auch,
  Die wolcken werden schwartz von vnsers
   Pulvers rauch',
Vnd lauffen schneller fort. 3. verhaw' vns zue
  dem strande
Des meeres weg vnd steg, wir segeln auch zue
  lande,

> Vnd schiffen ohne see. 4. veriag' vns aus der
>   welt,
> G 4ᵃ] Wir haben eine new', in welcher Gold vnd
>   Geldt
> Nicht minder häuffig ist. 5. wilt du vnns gifft
>   beybringen,
> Die Porcellane wird vns in der hand
>   zuespringen,
> Vnd sagen was du thust. 6. wie schlecht die
>   Bügel sein,
> So setzen wir vns doch mit jhnen fester ein,
> Vnd lassen vnns so bald nicht auß dem sattel
>   heben.
> 7. Es pflegt die Sonnenvhr vns vnterricht zue
>   geben
> Vmb welche zeit es sey. 8. Der köstliche
>   Magnet
> Zeigt wo das schwache Schiff auch bey der
>   nacht hingeht,
> Vmbringt mit wind' vnnd flut. 9. wir kennen
>   hier von fernen
> Durch eines glases liecht den Monden vnnd die
>   Sternen,
> Als stünden wir darbey, vnd sind zue krieges
>   zeit
> Vor einem einfall auch viel mehr als sonst
>   befreit.

Die reimen deren weibliche verß eilff sylben, vnd die männlichen zehen haben, nennen die Frantzosen vers communs oder gemeine verse, weil sie bey jhnen sehr im brauche sind. Wie aber die Alexandrinischen verse auff der sechsten sylben, so haben diese auff der vierdten jhren abschnitt. Als:

> Im fall du wilt   Was Göttlich ist erlangen.
> So laß den leib   in dem du bist gefangen,
>   Auff, auff, mein Geist,   vnd du mein
>   gantzer sinn,
>   Wirff alles das   was welt ist von dir hin.

Weil die Sonnet vnnd Quatrains oder vierversichten epi-[G 4ᵇ]grammata fast allezeit mit Alexandrinischen oder gemeinen versen geschriben werden, (denn sich die andern fast darzue nicht schicken) als wil ich derselben gleich hier erwehnen.

Wann her das Sonnet bey den Frantzosen seinen namen habe, wie es denn auch die Italiener so nennen, weiß ich anders nichts zue sagen, als dieweil Sonner klingen oder wiederschallen, vnd sonnette eine klingel oder schelle heist, diß getichte vielleicht von wegen seiner hin vnd wieder geschrenckten reime, die fast einen andern laut als die gemeinen von sich geben, also sey getauffet worden. Vnd bestetigen mich in dieser meinung etzliche Holländer, die dergleichen carmina auff jhre sprache klincgetichte heissen: welches wort auch bey vnns kan auffgebracht werden; wiewol es mir nicht gefallen wil.

Ein jeglich Sonnet aber hat viertzehen verse, vnd gehen der erste, vierdte, fünffte vnd achte auff eine endung des reimens auß; der andere, dritte, sechste vnd siebende auch auff eine. Es gilt aber gleiche, ob die ersten vier genandten weibliche termination haben, vnd die andern viere männliche: oder hergegen. Die letzten sechs verse aber mögen sich zwar schrencken wie sie wollen; doch ist am bräuchlichsten, das der neunde vnd zehende einen reim machen, der eilffte vnd viertzehende auch einen, vnd der zwölffte vnd dreyzehende wieder einen. Zum exempel mag dieses sein, welches ich heute im spatzieren gehen, durch gegebenen anlaß, ertichtet.

Sonnet.

Du schöne Tyndaris, wer findet deines gleichen,
   Vnd wolt' er hin vnd her das gantze landt durchziehn?
   Dein' augen trutzen wol den edelsten Rubin,
   Vnd für den Lippen muß ein Türkiß auch verbleichen,
H 1ª] Die zeene kan kein goldt an hoher farb' erreichen,
   Der Mund ist Himmelweit, der halß sticht Attstein hin.
   Wo ich mein vrtheil nur zue fellen würdig bin,
   Alecto wird dir selbst des haares halber weichen,
Der Venus ehemann geht so gerade nicht,
   Vnd auch der Venus sohn hat kein solch scharff gesicht;
   In summa du bezwingst die Götter vnnd Göttinnen.
Weil man dan denen auch die vns gleich nicht sindt wol,
   Geht es schon sawer ein, doch guttes gönnen soll,
   So wündtsch' ich das mein feind dich möge lieb gewinnen.

Oder, im fall dieses jemanden angenemer sein möchte; Welches zum theil von dem Ronsardt entlehnet ist:

Jhr, Himmel, lufft vnnd wind, jhr hügel voll von schatten,
Jhr hainen, jhr gepüsch', vnd du, du edler Wein,
Jhr frischen brunnen, jhr, so reich am wasser sein,

Jhr wüsten die jhr stets mußt an der Sonnen
 braten,
 Jhr durch den weissen taw bereifften schönen
 saaten,
Jhr hölen voller moß, jhr auffgeritzten stein',
Jhr felder welche ziehrt der zarten blumen
 schein,
Jhr felsen wo die reim' am besten mir gerhaten,

H 1ᵇ] Weil ich ja Flavien, das ich noch nie thun
 können,
Muß geben guete nacht, vnd gleichwol mundt
 vnnd sinnen
Sich fürchten allezeit, vnd weichen hinter sich,
 So bitt' ich Himmel, Lufft, Wind, Hügel,
 hainen, Wälder,
Wein, brunnen, wüsteney, saat', hölen, steine,
 felder,
Vnd felsen sagt es jhr, sagt, sagt es jhr vor mich.

Item diß, von gemeinen versen:

 Au weh! ich bin in tausendt tausendt
 schmertzen,
Vnd tausendt noch! die seufftzer sind vmbsonst
Herauff geholt, kein anschlag, list noch kunst
Verfängt bey jhr. wie wann im kühlen Mertzen
 Der Schnee zuegeht durch krafft der Himmels
 kertzen,
Vnd netzt das feldt; so feuchtet meine brunst
Der zehren bach, die noch die minste gunst
Nicht außgebracht: mein' augen sind dem
 hertzen
 Ein schädlich gifft: das dencken an mein
 liecht
Macht das ich irr' vnd weiß mich selber nicht,

>   Macht das ich bin gleich einem blossen scheine,
>   Das kein gelenck' vnd gliedtmaß weder krafft
>   Noch stercke hat, die adern keinen safft
>   Noch blut nicht mehr, kein marck nicht die
>   gebeine.

Vnd letzlich eines, in welchem die letzten sechs verse einer vmb den andern geschrencket ist:

>   Ich machte diese verß in meiner Pierinnen
> H 2ª] Begrünten wüsteney, wie Deutschland embsig
>   war
>   Sein mörder selbst zuesein, da herdt vnd auch
>   altar
>   In asche ward gelegt durch trawriges beginnen
>   Der blutigen begiehr, da gantzer völcker
>   sinnen
>   Vnd tichten ward verkehrt, da aller laster schar,
>   Mord, vnzucht, schwelgerey vnd triegen gantz
>   vnd gar
>   Den platz, der alten ehr' vnd tugendt hielten
>   innen.
>   Damit die böse zeit nun würde hingebracht,
>   Hab' ich sie wollen hier an leichte reime
>   wenden.
>   Mars thuts der liebe nach das er der threnen
>   lacht:
>   Mein krieg ist lobens werth, vnd seiner ist
>   zue schenden:
>   Denn meiner wird gestilt durch zweyer leute
>   schlacht,
>   Den andern können auch viel tausendt noch
>   nicht enden.

Quatrains oder quatrini, wie auß dem namen zue sehen, sind vierverßichte getichte oder epigrammata; derer hat der

Herr von Pybrac hundert vnd sechs vnd zwantzig im Frantzösischen geschrieben; von welchen ich nur dieses setzen wil:

>En bonne part ce qu'on dit tu dois prendre,
>Et l'imparfaict du prochain supporter
>Couurir sa faute, et ne la rapporter:
>Prompt à louër, et tardif à reprendre.

>Was man dir sagt solt du zum besten
>>wenden,
>Vnd wie du kanst des nechsten seine schuldt
>Beseite thun, vnd tragen mit gedult:
>Zum loben schnell', vnd langsam sein zum
>>schenden.

[H 2ᵇ] Hier reimen sich der erste vnd letzte verß so weiblich sind zuesammen, vnd die mitleren zwey männlichen deßgleichen zuesammen. Wiewol man auch einen vmb den andern schrencken mag, oder lauter männliche oder weiblich setzen. Als:

An meine Venus.

>Du sagst, es sey der Spiegel voller list,
>Vnd zeige dich dir schöner als du bist:
>Komm, wilt du sehn das er nicht lügen kan,
>Vnd schawe dich mit meinen augen an.

Welch epigramma im lateinischen bei dem Grudio, sonsten einem bösen Poeten, wiewol er eines gueten Poetens bruder ist, gefunden wird.

Die andern verse mag ein jeder mit sieben, acht, fünff, sechs, auch vier vnd drey sylben, vnd entweder die männlichen oder die weiblichen lenger machen nach seinem gefallen.

Die reimen der ersten strophe sind auch zue schrencken auff vielerley art, die folgenden strophen aber mussen wegen der Music, die sich zue diesen generibus carminum am besten schicken, auff die erste sehen. Ein exempel einer Trocheischen Ode oder Liedes ist in dem fünfften Capitel zue finden. Wil ich derhalben einen Iambischen gesang hieher schreiben.

Ode.

Derselbe welcher diese nacht
    Erst hat sein leben hingebracht,
    Ist eben auch wie die gestorben
    Die lengst zueuor verbliechen sein,
    Vnd derer leichnam vnd gebein
    Vor vielen Jharen sind vertorben.
Der Mensch stirbt zeitlich oder spat,
    So baldt er nur gesegnet hat
    So wird er in den Sandt versencket,
    Vnd legt sich zue der langen rhue.
    Wenn Ohr vnd Auge schon ist zue,
    Wer ist der an die Welt gedencket?
Die Seele doch allein vnd bloß,
    Fleugt wann sie wird des Cörpers loß,
    Zum Himmel, da sie her gerhüret.
    Was diesen schnöden leib betrifft,
    Wird nichts an jhm als stanck vnd gifft,
    Wie schön' er vormals war, gespüret.
Es ist in jhm kein geist mehr nicht,
    Das fleisch felt weg, die haut verbricht.
    Ein jeglich haar das muß verstieben;
    Vnd, was ich achte mehr zue sein,
    Die jenige kömpt keinem ein,
    Die er für allem pflag zue lieben.
Der todt begehrt nichts vmb vnd an:

       Drumb, weil ich jetzt noch wündtschen kan,
       So wil ich mir nur einig wehlen
       Gesunden leib vnd rechten sinn:
       Hernachmals, wann ich kalt schon bin,
       Da wil ich Gott den rest befehlen.
    Homerus, Sappho, Pindarus,
      Anacreon, Hesiodus,
      Vnd andere sind ohne sorgen,
    Man red' jetzt auff sie was man wil:
    So, sagt man nun gleich von mir viel,
    Wer weiß geschieht es vber morgen.
  Wo dient das wündtschen aber zue,
    Als das ein Mensch ohn alle rhue
    Sich tag vnd nacht nur selbst verzehret?
    Wer wündtschet kränckt sich jeder zeit,
    Wer todt ist, ist ohn alles leidt.
    O wol dem, der nichts mehr begehret.

Zue zeiten werden aber beydes Iambische vnd Trocheische verse durch einander gemenget. Auch kan man Alexandrinische oder gemeine vor vnd vnter die kleinen setzen. Als:

    Jhr schwartzen augen, jhr, vnd du, auch
        schwartzes Haar,
  Der frischen Flavia, die vor mein hertze war,
    Auff die ich pflag zue richten,
      Mehr als ein weiser soll,
    Mein schreiben, thun vnd tichten,
      Gehabt euch jetzundt wol.
Nicht gerne sprech' ich so, ruff auch zue
        zeugen an
Dich, Venus, vnnd dein kindt, das ich gewiß
        hieran
    Die minste schuldt nicht trage:

> Ja alles kummers voll
> Mich stündlich kränck' vnd plage
> Das ich sie lassen soll, &c.

Die Saphischen gesänge belangendt, bin ich des Ronsardts meinung, das sie, in vnseren sprachen sonderlich, nimmermehr können angeneme sein, wann sie nicht mit lebendigen stimmen [H 4ᵃ] vnd in musicalische instrumente eingesungen werden, welche das leben vnd die Seele der Poeterey sind. Dann ohne zweiffel, wann Sappho hat diese verse gantz verzucket, mit vneingeflochtenen fliegenden haaren vnnd lieblichem anblicke der verbuhleten augen, in jhre Cither, oder was es gewesen ist, gesungen, hat sie jhnen mehr anmutigkeit gegeben, als alle trompeten vnd paucken den mannhafftigen vnnd kühnen versen, die jhr Landtsmann Alcéus, als er ein Kriegesoberster gewesen, ertichtet hat. Zum exempel gleichwol wil ich zwey Strophen des Ronsardts herschreiben: Dann ich dergleichen nie vor mich genommen.

Belle dont les yeux doucement m'ont tué,
Par vn doux regard qu'au cœur ils m'ont rué,
Et m'ont en vn roc insensible mué
   En mon poil grison:
Que i'estois heureux en ma ieune saison
Auant qu'auoir beu l'amoureuse poison!
Bien loin de souspirs, de pleurs et de prison!
   Libre ie vivoy, &c.

Eine ander solche Ode hebet er also an:

Mon âge et mon sang ne sont plus en vigueur:
Les ardents pensers ne m'eschauffent le cœur,
Plus mon chef grison ne se veut enfermer.
   Sous le ioug d'aimer, &c.

In den Pindarischen Oden, im fall es jemanden sich daran zue machen geliebet, ist die στροφὴ frey, vnd mag ich so viel verse vnd reimen darzue nemen als ich wil, sie auch nach meinem gefallen eintheilen vnd schrencken: ἀντιστροφὴ aber muß auff die στροφήν sehen, vnd keine andere ordnung der reimen machen: ἐπῳδός ist wieder vngebunden. Wan wir dann mehr strophen tichten wol-[H 4ᵇ]ten, mussen wir den ersten in allem nachfolgen: wiewol die Gelehrten; vnd denen Pindarus bekandt ist, es ohne diß wissen, vnd die andern die es aus jhm nicht wissen, werden es auß diesem berichte schwerlich wissen lernen. Ich vor meine person, bin newlich vorwitzig gewesen, vnd habe mich vnterwinden dürffen auff Bernhardt Wilhelm Nüßlers, meines gelehrtesten freundes, vnd statlichen Poetens, es sey in vnserer oder lateinischer sprache, hochzeit eine dergleichen Oden vnd eine andere auff absterben eines vornemen vom adel zue schreiben; mit welchen ich, ob sie schon auff der eile weg gemacht sindt, dieses Capitel beschlissen wil.

Στροφὴ α.

Du güldne Leyer, meine ziehr
   Vnd frewde, die Apollo mir
   Gegeben hat von hand zue handt,
   Zwar erstlich das mein Vaterlandt
   Den völckern gleiche möge werden
   Die jhre sprachen dieser zeit
   Durch schöne verse weit vnd breit
   Berhümbt gemacht auff aller erden:
   (Italien, ich meine dich,
   Vnd Franckreich, dem auch Thebe sich,
   Wie hoch sie fleuget, kaum mag gleichen,
   Dem Flaccus willig ist zue weichen.)
   Vnd dann, das derer heller schein
   Die gantz nach rhum' vnd ehren streben,
   Bey denen welche nach vns leben,
   Auch möge klar vnd prächtig sein:

Ἀντίστροφος α.

I 1ᵃ] Du güldne Leyer, nun ist zeit
   Zue suchen alle ziehrligkeit
   Die ein Poete wissen soll:
   Jetzt solt du billich mehr als wol,
   O meine lust, Pindarisiren;
   Dein bester freund der leben mag,
   Der Musen rhum, hebt diesen tag
   Ein newes leben an zue führen:
   Sein gantzes wündtschen wird erfült;
   Ein bildt, ein außerwehltes bildt
   Ersättigt alles sein begehren:
   Die lieder, die gelehrten zehren,
   Darmit er vormals war gewohnt,
   Weit ausser dem gemeinen hauffen,
   Nicht einen schlechten weg zue lauffen,

Die werden reichlich jetzt belohnt.

Ἐπῳδὸς α.

Krieget nicht gar recht vnd eben
   Solchen danck ein hoher Geist,
   Welcher einig sich befleist
   Bey dem Himmel selbst zue schweben,
   Ist auff lob vnd rhum bedacht
   Wenn die schöne Sonn' erwacht,
   Vnd der tag dem schatten weichet
   Wie gar hoch der name reichet
   Welchen giebt der künste liecht,
   Denen die nach tugendt trachten,
[I 1ᵇ]   Ist es minder doch zue achten,
   Wann der liebe lohn gebricht.

Στροφὴ β.

Die Lieb' hat erstlich Gott gerührt
   Das er der dinge grund vollführt;
   Sie ist es die den baw der welt
   Vor allem brechen frey behelt;
   Sie pflegt die sternen zue bewegen,
   Das sie den elementen nicht
   Versagen jhrer schönheit liecht;
   Das fewer pflegt die lufft zue regen
   Durch hitz' auff jhren angetrieb,
   Die lufft hat dann das wasser lieb.
   Das wasser das bewegt die erden;
   Vnd wiederumb, die wässer werden
   Gesogen von der erden klufft,
   Das wasser zeucht die lufft zuesammen,
   Das fewer wird mit seinen flammen
   Verzogen in die kühle lufft.

Ἀντιστρ. β.

Das hier vnd dorte Berg vnd Waldt
    Mit grünen Bäwmen mannigfalt
    Sehr luftig vberschattet steht,
    Das so manch heilsam kraut auffgeht,
    Das Wiesen, Felder, Büsch' vnd Awen
    Mit zarten blumen sein geziehrt,
    Das Saate newes korn gebiehrt,
    Das so viel wildpret ist zue schawen,
[2ᵃ]   Das wann der Lentz das Jhar verjüngt
    Ein jeder Vogel frölich singt,
    Vnd leßt sich nicht gern' vber stimmen,
    Das so viel Fisch' im Meere schwimmen,
    Ja das wir Menschen selber sein,
    Vnd vns das blutige beginnen
    Der waffen nicht hat tilgen können,
    Das thut die liebe nur allein.

Ἐπῳδ. β.

Liebe nun wer nur zue lieben
    Rechten fug vnd mittel hat;
    Es ist keine solche that
    Die verbotten ist zue vben,
    Wann du nur bestrickt nicht bist
    Von der wollust hinterlist,
    Die mit jhrem falschen scheine
    Jung vnd nicht jung in gemeine
    Leitet an verkehrten wahn,
    Außer diesen eiteln sachen,
    Die den klügsten wahnloß machen,
    Liebe wer da lieben kan.

Στρ. γ.

Du, Bernhardt Wilhelm, den zuevor
    Der drey mal dreyen Schwestern chor
    Mit alle dem was er gehabt
    Gantz ohne masse hat begabt,
    Wirst ietzt von Venus auch verehret
[2ᵇ]   Mit einer ohne welcher gunst
    Du hassen kanst verstand vnd kunst,
    Vnd was zur wissenschafft gehöret;
    In derer augen freundtligkeit,
    Im munde die verschwiegenheit,
    Zucht in den höfflichen geberden,
    Im gange demut funden werden;
    Die der natur bekandte macht
    An tugendt, witz' vnd andern gaben
    Fast vber jhr geschlecht' erhaben,
    Vnd als jhr Meisterstück' erdacht.

Ἀντιστρ. γ.

Nichts bessers wündsch' ich selber mir:
    Du wirst hinfort mit grosser ziehr,
    Durch deine hochgelehrte handt,
    Die ohne diß weit ist bekandt,
    Dein' eigne frewde können schreiben:
    Du wirst besitzen alles gut
    Was Hermus auß der gelben flut
    An seinen reichen strandt soll treiben;
    Was der verbrandte Mohr besitzt
    Wo stets die rote Sonne hitzt,
    Was Spanien von edlen dingen
    Pflegt auß der newen welt zue bringen.
    Getrewe hertzen bleiben rein
    Von kummer schätz' vnd Goldt zue kriegen,
    Jhr meistes hoffen vnd genügen
    Ist lieben, vnd geliebet sein.

Ἐπῳδ. γ.

I 3ᵃ] O jhr seligen zwey liebe,
  Venus schickt jhr abendt liecht,
  Vnd errinnert das man nicht
  Jhre frewde mehr verschiebe.
  Bräutlein leget euch zue rhue;
  Jupiters Fraw saget zue
  Auß den sawersüssen nöthen
  Einen artigen Poeten.
  Was das liebe Kindelein
  Wirdt mit halbem munde machen,
  Was es kürmeln wird vnd lachen
  Werden lauter verse sein.

  Trawerliedt vber das absterben Herren Adams
    von Bibran, auff Profen vnd Damßdorff.
  Ex Italico summi viri Abrahami Bibrani,
    Adami fratris,
    quamuis paullò liberiùs, translatum.

STRO. I.

  O Die selig' edle Seele,
    Die sich in die wahre rhue
    Nach dem hohen Himmel zue
    Auß des Leibes finstern höle
    Frewdig hat hienauff gemacht;
    Da sie dann, wie bey der nacht
    Vor den andern kleinen Sternen
    Phebe selber, gläntzt von fernen,
    Da sich Gott jhr vmb vnd an,
    Zeigt zue sehn vnd zue geniessen,
I 3ᵇ]   Da sie mit nicht-menschen-füssen
    Das gestirne tretten kan.

ANTISTRO. I.

Wie die vlmen durch die reben
    Mehr als sonsten lieblich sein;
    Wie der Lorbeerbawm den schein
    Seinen wäldern pflegt zue geben,
    Also war auch deine ziehr.
    Pallas weinet für vnd für,
    Ceres voll von weh vnd zehren
    Leget jhren krantz von ähren
    Vnd die sichel hinter sich:
    Profen, deine lust vnd frewde
    Lieget gantz vertiefft im leide,
    Vnd gedencket nur an dich.

EPOD. I.

Das auch betrübte graß beklagt dich bey den
        brunnen,
        Für das reiche korn
        Wächset tresp' vnd dorn;
Es trawret selbst das große radt der Sonnen,
Vnd hüllet vmb sich her der wolken schwartzes
        kleidt;
        Tranck vnd eßen
        Wird vergeßen
Von aller herd' vnd vieh' ohn vnterscheidt.

STRO. II.

    Berg' vnd thäler hört man ruffen
    Bibran, Bibran, tag vnd nacht;
    Aber nein, des todes macht
    Lest sie gantz vergebens hoffen.
    Wird der klee zue winterszeit
    Durch das eiß gleich abgemeyt,

I 4ᵃ]
    Sehen wir jhn doch im Lentzen
    Nachmals auff den awen gläntzen:
Täglich fellt die Sonn' in's meer,
Scheinet aber morgen wieder:
Legt ein mensch ein mal sich nieder
Er kömpt nimmer zue vns her.

ANTISTRO. II.

Wil derwegen vns gebühren
    Wie es möglich nur mag sein
    Sein begräbniß vnd gebein
Allenthalben außzueziehren
Mit dem frembden tulipan
Tausendtschön vnd maioran,
Mit violen vnd narcißen,
Vnd den blumen bey den flüssen
Die vom Mertzen sind genannt.
Sonderlich soll jhm sein leben
Auff das newe wiedergeben
Der Poeten weise handt.

EPOD. II.

Jhr keuschen Lorbeersträuch', an denen
    gäntzlich lieget,
    Das ein mensch der schon
    Muß allhier darvon
Doch in der grub' ein ewiges lob krieget,
Schawt das jhr für den todt dem edlen cörper
    hier
    Gleichfalls rahtet,
    Vnd vmbschatet
Mit grüner lust sein' asche für vnd für.

Das VIII. Capitel.
Beschluß dieses buches.

[I 4ᵇ]

So viel ist es, was ich von vnserer Poesie auffsetzen wollen. Wiewol ich keinen zweiffel trage, es sey noch allerseits eines vnd das andere zue erinnern, welches nicht weniger notwendig seyn mag, als etwas von denen sachen, derer ich erwehne. Es kan auch wol sein, das mir in dem eilen (denn ich vor fünff tagen, wie meine freunde wissen, die feder erst angesetzt habe) diß vnd jenes mag einkommen sein, das entweder gar außengelassen, oder ja im minsten verbeßert sollte werden. Ich hoffe aber, es wird mir der guethertzige Leser, in betrachtung der kurtzen zeit so ich hierbey verschloßen, etwas vbersehen, vnd bedencken, Rom sey nicht auff einen tag gebawet worden. Was noch vbrig ist, wil ich entweder inkünfftig selbst gründtlicher verführen, oder denen lassen, die mir an liebe gegen vnsere sprache gleiche, vnd an geschickligkeit vberlegen sein. Von denselben zue lernen bin ich so begierig, als ich willig gewesen bin, andere, die auch dieses nicht gewust haben, zue vnterrichten. Welche meine geringschätzige arbeit bey statlichen auffgeweckten gemütern, wo nicht mehr, doch so viel verfangen wird, das sie gleichsam als durch einen sporen hiermit auffgemuntert, vnserer Muttersprache die hand bietten, vnd jhrer Poesie den glantz, welchen sie lengest hette kriegen sollen, geben werden. Welches aber alsdenn vollkömlich geschehen kan, wenn zue dem was hiebevor in diesem buche erzehlet ist worden, die vornemlich jhren fleiß werden anlegen, welche von natur selber hierzue geartet sein, vnnd von sich sagen können was Ovidius:

> Est Deus in nobis, agitante calescimus illo.
>
> Es ist ein Geist in vns, vnd was von vns
> > geschrieben,
> Gedacht wird vnd gesagt, das wird durch jhn
> > getrieben.

Wo diese natürliche regung ist, welche Plato einen Göttli-[K 1ᵃ]chen furor nennet, zum vnterscheide des aberwitzes oder blödigkeit, dürffen weder erfindung noch worte gesucht werden; vnnd wie alles mit lust vnd anmutigkeit geschrieben wird, so wird es auch nachmals von jederman mit dergleichen lust vnd anmutigkeit gelesen. An den andern wollen wir zwar den willen vnd die bemühung loben, der nachkommenen gunst aber können wir jhnen nicht verheißen.

Wiewol wir die vbung vnd den fleiß nicht verwerffen: dann im fall dieselbigen mit der natur vereiniget werden, muß etwas folgen das böse mäuler leichtlicher tadeln können als nachmachen.

Eine guete art der vbung aber ist, das wir vns zueweilen auß den Griechischen vnd Lateinischen Poeten etwas zue vbersetzen vornemen: dadurch denn die eigenschafft vnd glantz der wörter, die menge der figuren, vnd das vermögen auch dergleichen zue erfinden zue wege gebracht wird. Auff diese weise sind die Römer mit den Griechen, vnd die newen scribenten mit den alten verfahren: so das sich Virgilius selber nicht geschämet, gantze plätze auß andern zue entlehnen; wie sonderlich Macrobius im fünfften vnd sechsten buche beweiset. Wir sollen vns auch an vnserem eigenen fleiße nicht genügen laßen; sondern, weil viel augen mehr sehen als eines, vber die sachen welche wir an das liecht zue bringen vermeinen, berühmbter männer vrtheil ergehen laßen. Welches inngleichen die Römer so wol verstanden, vnd in acht genommen, das sie nicht leichtlich etwas offentlich außkommen laßen, das nicht zuevor von einem vnd dem andern geschätzet vnd durchgezogen worden. Ja, wie man keinen ringer oder fechter in offentlichen schawplatze auffführete, er mußte vorher seinen namen geben, vnd eine probe thun: welches sie ἀπογράφεσθαι vnnd ἐγκρίνεσθαι . einschreiben vnnd approbiren hiessen: so gaben auch die, welche in der zahl der Poeten wolten gerechnet werden, jhre getichte anderen Poeten zue vbersehen, vnd erkündigten sich darüber jhrer meinung: dieses war [K 1ᵇ] jhre ἀπογραφὴ vnnd ἔγκρισις; wie Casaubonus vber den Persium erinnert, vnd auß einer alten Inscription zue sehen ist:

HIC . CVM . ESSET . ANNORVM.
XIII . ROMAE . CERTAMINE.
IOVIS . CAPITOLINI . LVSTRO.
SEXTO . CLARITATE . INGENI.
CORONATUS . EST . INTER.
POETAS . LATINOS . OMNIBVS.
SENTENTIIS . IVDICVM.

Plinius der Jüngere, welcher vber alle seine sachen gelehrter freunde guet achten erfordert, saget in der 17. Epistel des 7. Buches, das jhn diese gewohnheit gar nicht rewe. Denn er bedächte, welch ein grosses es sey, durch der leute hände gehen, vnd könne jhm nicht einbilden, das man dasselbe nicht solle mit vielen vnd zum offtern vbersehen, was man begehret, das es allen vnd immer gefallen solle. Welches denn der grösseste lohn ist, den die Poeten zue gewarten haben; daß sie nemlich inn königlichen vnnd fürstlichen Zimmern platz finden, von grossen vnd verständigen Männern getragen, von schönen leuten (denn sie auch das Frawenzimmer zue lesen vnd offte in goldt zue binden pfleget) geliebet, in die bibliothecken einverleibet, offentlich verkauffet vnd von jederman gerhümet werden. Hierzue kömpt die hoffnung vieler künfftigen zeiten, in welchen sie fort für fort grünen, vnd ein ewiges gedächtniß in den hertzen der nachkommenen verlassen. Diese glückseligkeit erwecket bey auffrichtigen gemüttern solche wollust, das Demosthenes sagete, es sey jhm nichts angenemers, als wenn auch nur zwey weiblein welche wasser trügen (wie zue Athen bräuchlich war) einer den andern einbliesse: Das ist Demosthenes. Welcher ob er zwar als der vornemeste redener in hohen ehren gehalten worden, ist doch der rhum nicht geringer denn Homerus erlanget. Vnd wie der Autor des gespreches von den Oratoren saget, des Euripidis [K 2ᵃ] oder Sophoclis berhümbter name ist so weit erschollen als des Lysiæ oder Hyperidis; vnd viel begehren weniger den rhum des Ciceronis alß Virgilii. Es ist auch kein buch des Asinii oder Messallæ so beschrieen, als des Ouidii Medea, oder Varii sein Thyestes. Vnd, redet er weiter, ich schewe mich nicht den zuestand der Poeten vnd jhr glückhafftes wesen mit dem vnruhigen vnd sorglichen leben der Redner zue vergleichen. Ob zwar diese durch streitsachen vnnd gefahr zue dem Bürgermeister ampte sind erhoben worden; so wil ich doch lieber Virgilii sichere vnnd geheime einsamkeit, in welcher es jhm weder an gnade bey dem Keyser Augusto, noch an kundschafft bey dem Römischen volcke gemangelt hat.

Nebenst dieser hoheit des gueten namens, ist auch die vnvergleichliche ergetzung, welche wir bey vns selbst empfinden, wenn wir der Poeterey halben so viel bücher vnnd schrifften durchsuchen: wenn wir die meinungen der weisen erkündigen, vnser gemüte wieder die zuefälle dieses lebens außhärten, vnd alle künste vnnd wissenschafften durchwandern? So war ich dieses für meine grösseste frewde vnd lust auff der Welt halte, so war wündsche ich, das die die in ansehung jhres reichthumbs vnnd vermeineter vberflüssigkeit aller notdurfft jhren stand weit vber den vnserigen erheben, die genüge vnd rhue, welche wir schöpffen auß dem geheimen gespreche vnd gemeinschafft der grossen hohen Seelen, die von so viel hundert ja tausendt Jharen her mit vns reden, empfinden solten; ich weiß, sie würden bekennen, das es weit besser sey, viel wissen vnd wenig besitzen, als alles besitzen vnd nichts wissen. Vber dieser vnglaublichen ergetzung haben jhrer viel hunger vnd durst erlitten, jhr gantze [K 2^b] vermögen auffgesetzt, vnd fast jhrer selbst vergessen. Zoroaster, welcher, wie oben erwehnet, alle seine gedancken Poetisch auffgesetzt, soll zwantzig Jhar in höchster einsamkeit zuegebracht haben, damit er in erforschung der dinge nicht geirret würde. Vnd da alle andere wollüsten vns vnter den händen zuegehen, auch offtermals nichts von sich vbrig lassen als blosse rewe vnd eckel; so begleitet vns diese vnsere durch alle staffeln des alters, ist eine ziehr im wolstande, vnd in wiederwertigkeit ein sicherer hafen. Derentwegen wolle vns ja niemandt verargen, das wir die zeit, welche viel durch Fressereyen, Bretspiel, vnnütze geschwätze, verleumbdung ehrlicher leute, vnd sonderlich die lustige vberrechnung des vermögens hinbringen, mit anmutigkeit vnsers studierens, vnd denen sachen verschliessen, welche die armen offte haben, vnd die reichen nicht erkauffen können. Wir folgen dem, an welches vns Gott vnd die natur leitet, vnd auß dieser zueversicht hoffen wir, es werde vns an vornemer leute gunst vnd liebe, welche wir, nebenst dem gemüte vnserem Vaterlande zue dienen, einig hierdurch suchen, nicht mangeln. Den verächtern aber dieser göttlichen wissenschaft, damit sie nicht gantz leer außgehen, wollen wir inn den Tragedien so wir künfftig schreiben möchten die Personen derer geben, welche in dem Chore nach erzehlung trawriger sachen weinen vnd heulen mussen: da sie sich denn vber jhren vnverstand vnd grobheit nach der lenge beklagen mögen.

[L 1ᵃ] An den Leser.

Günstiger Leser, weil ich bey verfertigung des Büchleins nicht gewesen, ist es, sonderlich was die Griechischen wörter betrifft, etwas falsch gesetzet worden; dessen ich euch hiermit errinnern wollen.[2]

— — — — — — — — — — — — — — —

Das vbrige, dessen ich vieleichte nicht gewahr worden; wollet jhr vnbeschweret selber zu rechte bringen.
[L 1ᵇ] Hierneben habe ich auch nicht sollen vnverwehnet lassen, das mir vnlengst eines gelehrten mannes in der frembde schreiben zuekommen, welcher der meinung ist, wann wir die eigentlichen namen der Götter vnd anderer sachen, als Jupiter, Orpheus, Phebus, Diana vnnd dergleichen in vnsere sprache brächten, würde sie nicht von allen verstanden werden, vnd solte man sich dieselben Deutsch zue geben befleissen. Wie aber solches vnmöglich ist, vnd gleichwol von dieser art namen ein grosses theil der Poeterey bestehet, also wissen wir, das es eben die gelegenheit mit den Lateinern zum ersten gehabt, welche diese wörter mehrentheiles von den Griechen vnd sonsten empfangen, vnd sie jhnen, wie hernachmals auch in der Italienischen, Frantzösischen, Spanischen vnd andern sprachen gesche-[L 2ᵃ]hen, durch stetten gebrauch so gemeine gemacht haben, das sie sie nicht weniger als ihre eigene wörter verstanden. Indeßen aber köndte es wol nicht schaden, das ein liebhaber vnserer schönen Muttersprache jhm so viel zeit neme, vnd in derselben ein sonderlich Dictionarium oder Namenbuch der Völcker, Leute, Götter, Länder, örter, städte, flüße, porten, gebirge, vnd sonsten auß den geistlichen vnd weltlichen scribenten zuesammen trüge.

Wie dieses nun bloß an einer bemühung gelegen, weil Caroli Stephani vnd anderer bücher nur dörfften auffgesucht vnd vmbgesetzt werden; also würde jhm ein solcher doch sehr guetes Lob vnd rhum, welchem die edelsten gemüter nachtrachten, bey männiglich zu wege bringen. Gott befohlen.

Druck von Ehrhardt Karras, Halle a. S.

[1] Unrichtig ändert Witkowski 46_{18} beseite (mhd. *besîte*) in beiseite. – Den von Witkowski S. 80 bemerkten Druckfehlern unserer ersten Ausgabe sind noch einige hinzuzufügen, die zum Teil auch von Witkowski übernommen sind: ausser geringfügigen (12_{31} großes. 13_{14} Geistes, welchen. 40_{18} auff. 43_{15} auf. 59_5 erinnern) der störendere 45_{25} **des** Himmels kertzen.

[2] Hier folgt ein Verzeichniss von 30 Druckfehlern, die in unserem Abdrucke danach verbessert worden sind. Vgl. übrigens die Einleitung, sowie den Abdruck des Verzeichnisses bei Witkowski S. 206.

www.ingramcontent.com/pod-product-compliance
Lightning Source LLC
Chambersburg PA
CBHW031123160426
43192CB00008B/1096